孔東著

蘇浙旅港同鄉會之研究

臺灣學生書局印行

黃序

同鄉會係同鄉之人在他鄉異域結合的一種社會組織，具有高度的地緣性與血緣性，爲傳統中國社會的主要特徵之一。同鄉會的研究，爲社會組織研究的一部份，既有助於地方史之研究，對社會發展史的研究亦大有幫助。

民國三十、四十年代，由於中國大陸局勢不穩，社會動盪不安，以致國人大量逃往香港，並紛紛成立同鄉會，以團結照顧同鄉，互助互利爲宗旨，進而服務人羣，促進社會的發展。在衆多的同鄉組織之中，「蘇浙旅港同鄉會」可說是其中最具規模，成就最顯著者。因此，孔東先生特別選擇該會作爲博士論文研究專題，希望透過對蘇浙旅港同鄉會之研究，深入了解其創立之背景、成長及發展之趨勢，其組織運作及宗旨，其創辦之教育及慈善福利事業對社會之貢獻，以及其對國家民族之貢獻。

孔東先生，原名孔祥光，廣東省雲浮縣人，民國八十年六月獲珠海大學中國歷史研究所博士學位。本書就是他的博士論文，歷經兩年的增補與刪訂，始正式付梓。

孔先生是一位熱心教育，以發揚中華文化爲己任的教育文化工作者。他長期住在香港，曾創辦香港孔仲岐教育機構，擔任孔仲岐紀念中學、小學及幼稚園等之監督，並兼任中學部之校長，爲香港地區培育造就無數的人才。此外，孔先生並主持香港的廣東省雲浮縣志編纂委員會，爲廣東地方史志的編纂，貢獻智慧與金錢。孔先生對教育工作的奉獻，對地方史志的執著，充分顯示他不僅是一位可敬的教育家，也是難得的地方史志工作者。

目前，孔先生在紐西蘭定居。他仍一本初衷，在紐西蘭宣揚中華文化不遺餘力，除擔任紐西蘭中華文化中心主席外，並擔任香港雲浮同鄉會縣志編纂主編，爲中華文化在紐西蘭的傳播，撒下一粒粒的種子。

孔先生除本書外，尚著有《宋代東萊呂氏之族望及其貢獻》（臺灣商務印書館印行，民國七十七年一月初版）、《香港之同鄉會初稿》及地方史志論文多篇。個人有幸與孔先生訂交多年，深爲佩服孔先生的犧牲奉獻精神，茲値本書即將出版之際，特綴數語，略抒所感，並爲介紹。

黃秀政　謹識

民國八十二年十一月於國立中興大學

附圖一：該會獲發之註冊證書

CERTIFICATE OF INCORPORATION

I hereby certify that

Kiangsu and Chekiang Residents (Hong Kong) Association (蘇浙旅港同鄉會)

is this day incorporated in Hong Kong under the Companies Ordinance. (Chapter 32) and that this company is limited.

Given under my hand and seal of office this *Twentieth* day of *February* One Thousand Nine Hundred and Fifty *seven*.

資料來源：影自《蘇浙旅港同鄉會蘇浙公學蘇浙小學彙刊》（1961年），頁22。

附圖二：該會之註冊證書副本

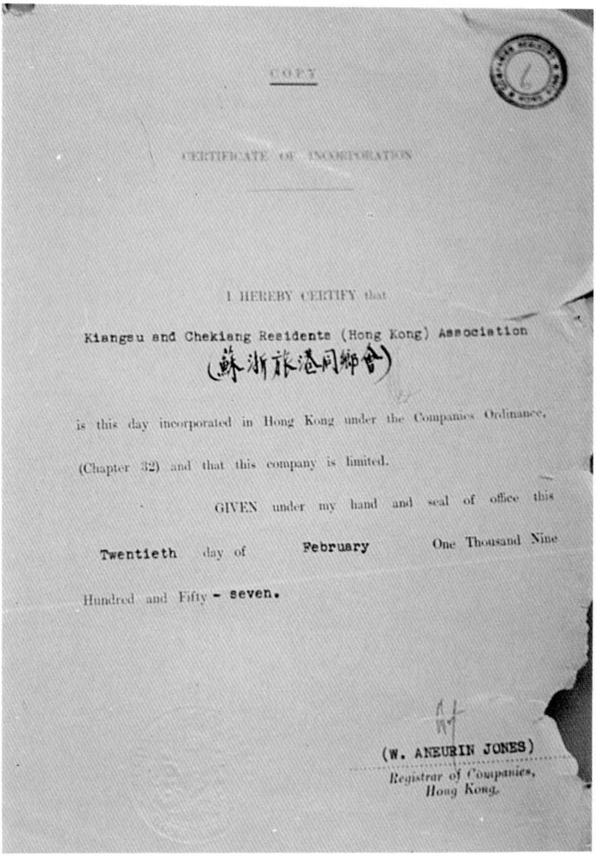

COPY

CERTIFICATE OF INCORPORATION

I HEREBY CERTIFY that

Kiangsu and Chekiang Residents (Hong Kong) Association
(蘇浙旅港同鄉會)

is this day incorporated in Hong Kong under the Companies Ordinance, (Chapter 32) and that this company is limited.

GIVEN under my hand and seal of office this Twentieth day of February One Thousand Nine Hundred and Fifty - seven.

(W. ANEURIN JONES)
Registrar of Companies,
Hong Kong.

資料來源：影自公司註冊處檔案4683號。

附圖三：該會向公司註冊處註冊時（民國46年2月7日）由理事長徐季良，副理事長車炳榮、董之英、蕭三平及理事劉漢堃、史寶楚、邵邨人於章程後填寫其姓名、地址及簽名之式樣

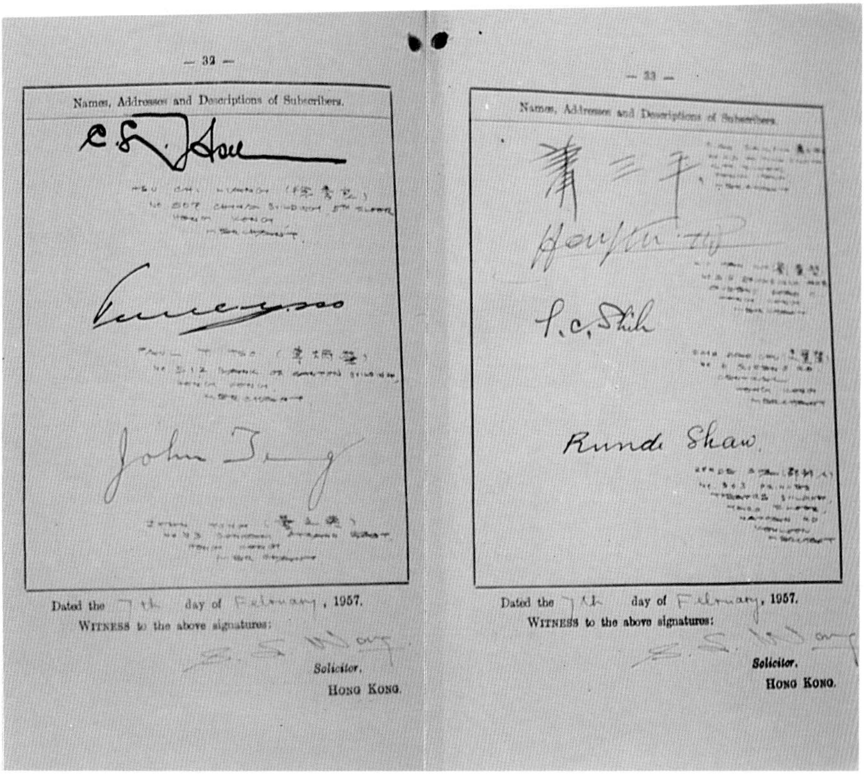

資料來源：同附圖二。

附圖四：慈德診療院外貌

該會兩所安老院外貌

附圖五

附圖六

附圖七

附圖八：一九八八年學生籍貫統計圖

資料來源：影自《蘇浙小學35週年校慶特刊》。

附圖九：一九八八年度教師學歷統計圖

資料來源：同附圖八。

附圖十：蘇浙小學外貌

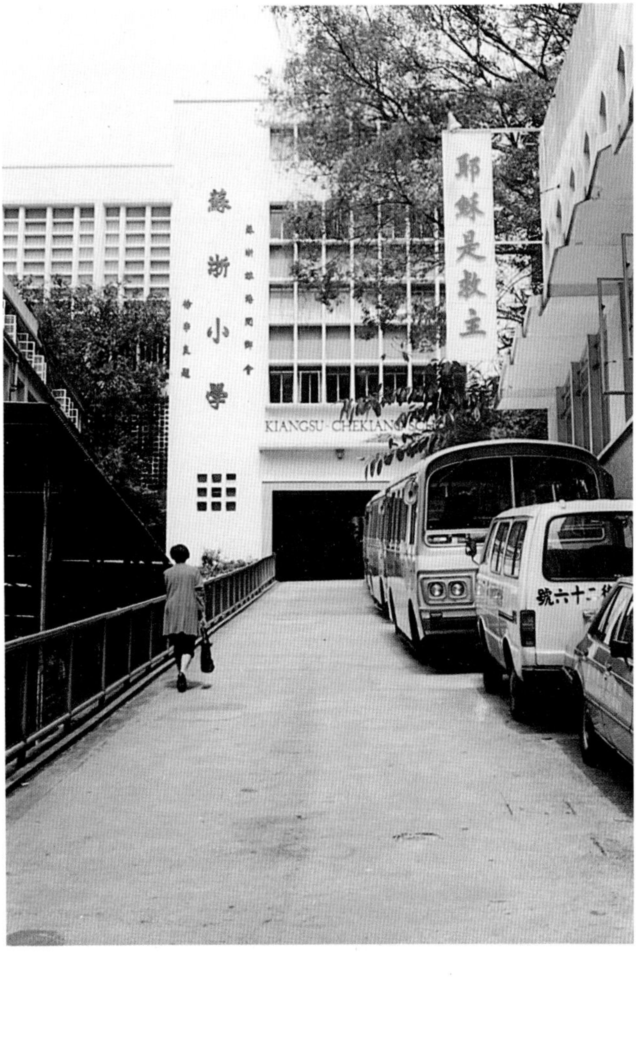

附圖十一

蘇浙公學校舍外貌

附圖十二

附圖十三

沙田蘇浙公學外貌

附圖十四

附圖十五

葵涌蘇浙公學外貌

附圖十六

蘇浙旅港同鄉會之研究

目　錄

黃序……I
第一章　緒　論……一
第二章　中國傳統的鄉親觀念與同鄉組織……七
第一節　鄉親觀念之形成……七
第二節　同鄉組織之產生……一四
第三章　蘇浙旅港同鄉會之創立與組織……二一
第一節　蘇浙之人文環境……二一
第二節　創立宗旨……二六
第三節　組織行政……三八

第四章　經費來源及管理……四七
第一節　經費來源……四七
第二節　財政管理……五五
第五章　對香港之貢獻……六一
第一節　政治活動……六二
第二節　經濟與社會……六四
第三節　教育文化……七七
第六章　對中華民國之貢獻與中國大陸的救助投資……一〇一
第一節　對中華民國之貢獻……一〇一
第二節　對中國大陸之救助與投資……一〇九
第七章　徐季良與同鄉會會務之發展……一一九
第八章　發展之趨勢……一二七
第一節「九七」之陰影……一二七

第二節　發展之方向……一三一
第九章　結　論……一三五
附　錄……一四一
參考書目……一六三

第一章 緒論

同鄉組織係以同鄉人士爲結合要素，而在他鄉異域才實行結合的一種社會組織，是屬於地緣性組織，如寄居他鄉人士所組織之會館、公所或同鄉會是。同鄉組織表面上雖有狹隘的鄉土地域觀念，但却能與其所在社區的其他組織，如血緣組織、業緣組織、慈善組織等，互助合作，擴充其鄉土地域觀念至社區觀念和國家觀念，謀求社區之發展，以共享其繁榮。竇季良在《同鄉組織之研究》中指出，喚醒社區觀念的主要因素，是社區生活的共同需要；促成國家觀念的主要原因，是國家的需要成爲每個人每個組合的自覺共同需要，使人自然而然的意志集中起來，便培養成國家觀念。這便是擴充鄉土觀念到社區觀念和國家觀念的自然趨勢❶。

同鄉組織之精神力量是鄉親觀念，而鄉親觀念建基於鄉土觀念，孕育於鄉土自然環境、鄉土文化、鄉土社會關係、傳統思想及行政區劃的歷史傳統。中國幅員廣大，各地自然環境差異甚大，各地之語言、宗教信仰及風俗習慣不同。況且，我國向來以農立國，以家族爲本位❷。而以家族倫理爲中心的社會關係，非常複雜，遠近親疏，縱橫交錯，以至同一地域的人多少帶

❶ 參見竇季良著《同鄉組織之研究》，頁一六—一七，正中書局，民國六十五年版。
❷ 參見梁漱溟著《中國文化要義》，頁七一。正中書局，民國五十八年版。

點血緣關係，地域範圍越小，血緣關係的成分越多，否則反是❸。加上「生於斯，死於斯」、「安土重遷」及「父母在，不遠遊」等傳統思想影響，國人對自己生長地有強烈的認同感。在各種因素影響下，形成歷久不衰的鄉親觀念。而行政區劃亦形成大同鄉與小同鄉的層次，如省、府、縣、鄉的劃分，亦產生大小層次的鄉親觀念，形成大小不同的同鄉組織的出現。

同鄉組織在中國已有數百年歷史，成爲中國近代社會特徵之一。何炳棣在《中國會館史論》中謂：

> 傳統中國社會的主要特徵之一，是具有高度的血緣性和地緣性。……血緣組織如家族制度，地緣組織如會館制度，皆係應傳統社會某些階段中實際的需要而產生。曾具有積極的社會與經濟功能。❹

至於同鄉組織——會館之起源，何炳棣在同一書中又云：

> 至於會館制度之起源，晚明博聞强記如沈德符、朱國楨，和合著《帝京景物略》的劉侗與于奕正等人已經不甚了了，近代中日學人無不遵從彼輩之說，以為北京會館之制始於十六世紀六十年代嘉、隆之際。方志中倖存的資料證明早在十五世紀二十年代（明成祖）永樂遷都之時，卽已有人創建會館。❺

可知同鄉組織最早形式之會館制度，創自明初。其後盛於清初康、雍、乾時代❻。

任何一種社會制度，大致都是逐漸形成以至於完成。以會館制度在康雍乾年代之普遍而論，可以推知彼時應爲會館制度之完成期或全盛期❼。康雍乾以前溯至明初，應爲其逐漸形成期。在形成期間，有的同鄉會館是由同鄉商人所組織成之商棧演變而來。竇季良在同鄉組織之研究中云：

> 最普通的是由同鄉商人自由結合的「商幫」，這種商幫多半是既同鄉又同業，原為對抗土著商人和他籍商人以維護其商業利益而組成的。久而久之，同鄉商人集於一地者日多，會館形式才正式完成。❽

任何組織制度，在新的政治勢力下，必然隨着社會的改變而改變，並需獲得新興社區政治勢力的重新承認。自一九一二年民國成立以至抗戰前的二十餘年中，是舊會館陸續轉型爲同鄉會組織的時期。同鄉會的新制度，是根據民初的臨時約法，人民有集會結社權的規定而來。雖然會館制度在民初爲使組織本身合法化，迎合新興的社會政治勢力而易名爲同鄉會，組織形式上亦由會館制度的會首制，變成會長制、委員制、理監事制，但同鄉組織的基本性質是不變的。以現今香港而論，同鄉組織更加興盛。主要原因是民國三十八年（一九四九年）至民國六

---

❸ 參見竇季良著《同鄉組續之研究》，頁一〇—一一。
❹ 參見何炳棣著《中國會館史論》，頁一，學生書局，民國五十五年版。
❺ 同前註書，頁三。
❻ 參見竇季良著《同鄉組織之研究》，頁二一。
❼ 同前註。
❽ 同前註書，頁二二。

十九年（一九八○年）十月二十四日香港政府撤銷抵壘政策[9]之前，大量同胞不斷以各種方式從大陸偷渡來港有關。香港人口亦從民國三十四年（一九四五年）六十萬人，增至民國五十九年（一九七○年）之四百一十二萬人[10]，據筆者調查所得，香港現有逾二百個同鄉會，在衆多同鄉會中，蘇浙旅港同鄉會乃最具規模者。

同鄉會的研究，係社會組織研究的一部分。既有助於地方史之研究，亦有益於社會發展史之研究。本文之撰寫，希望通過對蘇浙旅港同鄉會之研究，深入了解其創立之背景、成長及發展之趨勢；其組織架構及宗旨；其創辦之教育及慈善福利事業對社會之貢獻；其對國家民族之貢獻。從中可窺見香港同鄉會之發展概況，有助於學者對同鄉組織之了解，以及對香港社會之認識。

本文除緒論及結論外，共分七章。首先討論中國傳統的鄉親觀念與同鄉會之關係，從傳統的鄉土觀念要素之鄉土自然環境、鄉土社會關係、鄉土文化、傳統思想及政治區劃的歷史傳統爲脈絡，分析其形成之原因及其相互間之關係，再以同鄉組織之產生，是以敦睦鄉誼、團結桑梓始，說明鄉親觀念是維繫同鄉組織之精神力量。

在鄉親觀念係同鄉組織產生的大背景下，以蘇浙之人文環境，及歷史淵源，藉以明瞭蘇浙兩省之密切關係。再從蘇浙旅港同鄉會前身蘇浙同鄉遣送歸鄉委員會之組成，是在香港淪陷時，爲助同鄉重返家園而成立。論及蘇浙旅港同鄉會成立之原因、背景，創立之宗旨及其組織系統之演變。在遣送歸鄉委員會達成目的後，爲維繫在港同鄉間之團結互助，在原有之基礎上而成立同鄉會。其宗旨與功能亦在於造福同鄉，並惠及社會。而其組織系統，亦從會長制、理監事制、理事制而演進爲會董制，並受公司法例之監督。

經費之來源與管理，是任何一個慈善組織之命脈。蘇浙旅港同鄉會作爲一個慈善團體，其經費來源主要是會員之慷慨捐輸，其次是會費及投資所得，與昔日會館經費來源相若。由於社會進步，所以較昔日會館多一投資所得。其會費近年增至逾萬元，實有礙同鄉之加入。在財政管理上，除本身訂有操作程序及監察外，更受政府公司條例之約束及監督。

同鄉會是社會之一分子，隨着社會之發展，其功能亦不再像昔日會館局限於同鄉互助等較狹隘範圍，而是將其功能提昇至爲社會服務之範疇。從該會對社會活動之參與，對經濟、社會、教育文化之貢獻，論及避秦南來之蘇浙同鄉如何建立其事業，並爲社會作出貢獻。從鄉土地域觀念，進展至社會觀念。

從社會觀念進一步提昇至國家觀，是蘇浙旅港同鄉會同人對國家民族貢獻之反映。從太平洋戰事期間，至國民政府播遷臺灣，該會對國民政府之擁護始終不渝。而對中國大陸之救助與投資，究其原因，亦是出於對國家民族之熱愛。

---

⑨ 自民國三十八年始，由於大陸政局動盪，以至大陸同胞紛紛逃亡來香港，香港政府向來對逃亡來港之大陸同胞採「來者不拒」之政策。七十年代中，香港政府改採「抵壘政策」，以期減少大陸逃港人數，控制香港人口增長等。該政策係對大陸逃亡來港者施行，若其能避過警方在邊境及新界地區之搜捕，安全進入市區，便可往人民入境處登記及發給臨時身份證。但此政策無法壓抑逃亡來港人數，因此香港政府於民國六十九年十月二十四日取消此政策，此後，凡逃亡來港之大陸同胞，若被警方拘捕，即被遣送回大陸。

⑩ 參見民國八十年一月十一日《星島日報》〈港聞版〉。

該會能有卓著成就，成功因素是領導得人，以及會員之衷誠合作。徐季良會長便是一個熱心公益，竭誠服務鄉親及社會的領導者，領導該會四十年。在邵逸夫、包玉剛、葉庚年等等同鄉出錢出力支持下，獲致卓著成就。

香港面臨一九九七年由中共恢復行使主權之期越來越近。在探討同鄉會面對「九七」帶來之影響時，從中共四十餘年來之政策與作風，以至香港對「九七」出現信心危機，引致大量人才與資金外流，對同鄉會所造成之影響，明瞭到同鄉會之未來發展，取決於中國大陸能否走向民主法治之途。

本文之研究，以香港同鄉組織之一的蘇浙旅港同鄉會爲限，採用比較、分析、歸納等歷史研究法爲主，在探討其將來發展時，盡可能以客觀的態度，對此論題進行多方面之研究，以便對該會有更加清晰的了解。

本文所用資料，主要是該會所出版之會刊，該會屬校出版之校刊，及刊載該會消息及資料之刊物及報章等。並輔以有關之文獻、碑記，及有關的學術性專著。此外，筆者又訪問該會之會長等，搜集有關資料，以補上述之不足。

筆者希望，本文的研究對香港地方史及社會發展史的進一步研究，能具有相當的參考價值，作出一定程度的貢獻。

第二章　中國傳統的鄉親觀念與同鄉組織

第一節　鄉親觀念之形成

中國傳統的鄉親觀念，是維繫同鄉組織的一種精神力量。此種鄉親觀念實乃建基於鄉土觀念，而鄉土觀念是孕育於鄉土的自然環境、鄉土的社會關係、鄉土的文化、傳統思想，以至鄉土政治地域區畫的歷史傳統而形成，是觸起於他鄉異域的一種內在反應❶。

(一)鄉土自然環境

鄉土的自然環境，乃指祖宗廬墓之鄉和兒時生活之所在。鄉土的山川原野，風光勝景，季候寒暑，風雨霜雪的特徵，花草樹木及鳥獸蟲魚的特色，都是鄉土之人自兒時以至於成長所習聞習見的事物。在長時間的接觸之下，便自然而深深烙印於心中，一旦離鄉遠出，在陌生的異鄉目覩不同或類似的風物，便自然會觸起懷想，而眷懷鄉土之情亦油然而生，此乃人之常情。

❶ 參見竇季良《同鄉組織之研究》，頁九。

客居異鄉，目覩異鄉風物而觸起鄉思的吟詠，便是最好的說明。如王粲云：「情眷眷而懷歸兮，孰憂思之可任？憑軒檻以遙望兮，向北風而開襟。……悲舊鄉之壅隔兮，涕橫墜而弗禁。昔尼父之在陳兮，有『歸與』之歎音。鐘儀幽而楚奏兮，莊舄顯而越吟。人情同於懷土兮，豈窮達而異心。」❷李白云：「舉頭望明月，低頭思故鄉。」❸周邦彥云：「故鄉遙，何日去？家住吳門，久作長安旅。五月漁郎相憶否？小楫輕舟，夢入芙蓉浦。」❹都是詩人羈旅他鄉而思念故鄉的詠嘆。可見鄉土自然環境對生於斯長於斯的人來說，無論古人或今人，都同樣產生眷懷之情，亦是培養成鄉土觀念的因素之一。

(二) 鄉土社會關係

山川雖美，風物雖勝，鄉土觀念也不見得就能培養成。最重要是那裏面有家人親族，有兒時交好，有師長故舊等識面知名的人，在鄉居時都曾與其相互發生着若密若疏的社會關係。「出入相友，守望相助，疾病相扶持。」❺使人們逐漸有了人己一體，休戚相關的觀念。

我國社會向來是以家族倫理爲社會中心。這與以農立國的傳統家族既是一個經濟的基本單位，也是一個血緣集團的基本單位；既是一個社會生活基本單位，也是一個宗教信仰的單位；使家族具備了作爲一個基本社會細胞不無關係。梁啓超在〈新大陸遊記〉中即已提出：「吾國社會之組織，以家族爲單位，不以個人爲單位。」❻羅香林亦指出：「中國社會，從他的本質說來，他是以家族爲本位的。」❼張銘遠在《黃色文明》一書中謂：

歷來研究中國文化的海內外學者幾乎一致認為，中國的傳統社會是一個家族社會。……

家族是中國傳統社會的最基本的社會單位，也是中國傳統文化傳承的最基本單位。❽

既然如此，以家族倫理爲社會中心的社會關係裏面，自然重在家人父子兄弟的親族關係。《論語・里仁篇》云：「父母在，不遠遊，遊必有方。」便表明着家族關係在傳統社會之地位。人們將鄉土稱爲家鄉，而眷懷鄉土不獨是眷懷鄉土風物，亦眷懷其鄉人，尤其重在家人親族。正如王維詩：「獨在異鄉爲異客，每逢佳節倍思親，遙知兄弟登高處，遍揷茱萸少一人。」❾便是身處異鄉而思念家人的寫照。而以家族倫理爲中心的鄉土社會關係，便是培養成鄉土觀念的其中重要因素。

㈢ 鄉土文化

❷ 見漢末著名文學家，建安七子之一王粲〈登樓賦〉一文。

❸ 見唐代詩人李白〈靜夜思〉一詩。

❹ 見宋代詞人周邦彥〈蘇幕遮〉一詞。

❺ 見《孟子》卷三，〈滕文公章句上〉。

❻ 見梁啓超《飲冰室專集》第七册，頁一二一，臺灣中華書局，民國六十七年四月版。

❼ 見羅香林《中國民族史》，頁九二，中華文化事業出版社。

❽ 見張銘遠《黃色文明》，頁七七，上海文藝出版社，一九九〇年版。

❾ 見唐代詩人王維〈九月九日憶山東兄弟〉一詩。

鄉土觀念的另一支柱便是鄉土文化。沒有鄉土的共同文化，便無法構成鄉土社會關係，也無從共同瞭解。家族倫理其實便是鄉土文化的一部分，因而才有以家族倫理爲中心的鄉土社會關係。在幾於一道同氣的中國社會中，每個鄉土都有其獨特的文化，也是以其鄉土的自然環境爲基礎，在鄉土共同生活中一面創造，而一面沿襲下來。共同的方言口語，共同的生活習慣，共同的神道信仰，共同的藝術欣賞，共同愛慕的古跡與人物等等的鄉土文化，使每一個鄉土人形成了共同的意識與性格。《易經》有云：「同聲相應，同氣相求。」⑩正就是這種同聲同氣的鄉土文化，陶冶了每一個鄉土人，使鄉土觀念根植於其心裏，當離開其鄉土，與異鄉的特有文化接觸時，因方言口語相異，生活習慣相異，神道信仰相異，藝術欣賞相異，愛慕的古跡與人物等均相異，使其有格格不入的感覺，眷懷鄉土之情便油然而生。正如一個生長於北京的人，若一旦離開北京到南方的廣州生活，在言語方面，北京話與廣府話的不同；在飲食上，京菜與粵菜的不同；在舞台藝術欣賞方面，京劇與粵劇的不同等，使其自然懷想在北京生活時的一切事物，鄉土觀念便自然地表露出來。

(四) 傳統思想

在傳統思想方面，主要是有關孝的禮俗和法律，官吏的籍貫限制以及科舉制度，都是形成鄉土觀念的因素。

我國傳統的思想是以儒家的思想爲依歸，而儒家最重視的孝，至東漢已漸成上層社會的準宗教，到唐代正式編入法典，宋代至清代亦如是⑪。孝包括對親長的養生送死，「父母在，不遠遊。」是孝子應遵從的古訓，在祖宗廬墓所在鄉土奉侍親長。所以孝的養生方面與鄉土的關係非常密切，使國人對於自己生長的鄉土有強烈的認同感。而孝的送死方面，《禮記》早有三年之喪的規定⑫。自唐代以來，更有嚴格的律令制度規定，凡在京師或身處外地的官員，如遇丁憂，必須回原籍奔喪，及服喪二十七個月，此制度一直維持到清代⑬。因此，國人對鄉土籍貫都較為重視。

官吏籍貫之限制，是指中央政府為防止官員在原籍營私舞弊，勾結朋黨，遂規定各級官吏不得在其原籍任官。何炳棣亦指出：

我國傳統行政法中特色之一，是對官吏銓選任用的籍貫禁限。地方官迴避本籍原是純地緣性的禁限，但往往與血緣性禁限同時並存，所以籍貫迴避的意義與範圍便變成非常廣泛。這原本用意純屬消極防範性的行政法規，兩千年來無形中促進深厚籍貫觀念的養成。⑭

秦漢以至清代，由於中央政府對官吏銓選的籍貫禁限，使一般官吏及有志上進的平民士子，對

⑩ 見《十三經注疏》《周易》卷一。
⑪ 參見何炳棣《中國會館史論》，頁一。
⑫ 參見《十三經注疏》《禮記》卷五十七。
⑬ 參見《中文大辭典》頁一五三之「丁憂守制」條及頁三八四八之「守制」條，臺灣中華學術院，民國七十一年版。
⑭ 見何炳棣《中國會館史論》，頁二。

鄉土籍貫自然更加重視。

至於科舉制度，自隋唐創設科舉制度，至明清更趨完備。此制度重在選拔人才，分童試、鄉試、會試及殿試，以地方的府縣爲始選拔士子，然後集中各省精英士子於京師應試。中試登科的士子不但可以任官食朝廷俸祿，奠定其身家的經濟基礎，「揚名聲，顯父母」，而且可以惠及宗族桑梓，對親屬同鄉加以援引提携。所以，自隋唐以來，科第不僅是個人追求的目標，而且是地方區域間集體競爭的目標，對鄉土籍貫觀念，亦有着無形的推動作用。

(五) 鄉土政治地域區畫

雖然鄉土的自然環境、鄉土的社會關係、鄉土文化及傳統思想，是形成鄉土觀念的重要因素。但是，若沒有政治地域區畫的歷史傳統，我們的鄉土觀念便難有一個明晰的確定。因爲鄉土的自然環境是難有一個清晰的界限，只能意識到家鄉是在水的一方，在山的一邊。至於甚麼地帶以外便不算家鄉呢？在鄉土的自然環境上看來，這意識是頗爲模糊難以確定。而鄉土的社會關係，更在於沒有界限的鄉土裏。只有祖宗廬墓之所在，家人聚居之所在，是鄉土社會關係的中心點，亦尋不出清晰的界限。況且，在家族社會關係而言，是非常複雜的。以血統親疏而論，則有所謂九族的定制。而九族亦分父系九族、旁系九族、母系九族及妻系九族⑮。由於家族關係既有直系，又有旁系，既有血親，又有姻親，錯綜複雜，親疏不一，形成錯綜複雜的鄉土社會關係。既然鄉土社會關係並非限於社區範圍之內，自然無法有明確的界限。至於鄉土文化，雖然不同的鄉土有不同的特點，但這些特點因文化傳播與交流的結果，不同的鄉土亦會有相同的鄉土文化。所以，不能認定甚麼範圍之內是有着其鄉土文化，此範圍之外則沒有。既然鄉土自然環境，鄉土社會關係，鄉土文化等都是形成鄉土觀念的因素，但這些因素都不能使鄉土觀念明晰確定。鄉土觀念之所以能夠明晰確定，是由於鄉土政治地域區畫的歷史傳統。唐初分天下爲十道，宋析爲二十三路，元代置十一行省，明代分爲十三行省，清代初設十八行省，其後更分爲二十二行省。省之下再分畫府、州、縣各級大小不同的區域。這種區畫，使人們有了以鄉區、縣、州、府、省，以至聯省爲範圍的鄉土觀念。鄉土政治地域的區畫，一般是以行政上的便利而主觀畫定。如繳納田賦，舉行科考，辦理保甲，設置兵備等等，都有若大若小的若干區畫層級。於是在同一區域內的人遂有了共同生活的若干層次，這些層次便形成了不同層次的鄉土觀念。

建基於鄉土觀念而相信彼此都是有親緣的鄉親觀念，亦有了不同的層次。同樣以家族倫理爲鄉土社會關係中心點的鄉親觀念，隨着地緣的擴展，逐漸失去了血緣的色彩，在社會組織發展過程中，地緣組織代替血緣組織是必然的⑯。雖然以鄉親觀念之精神力量爲基礎的同鄉組織，

⑮ 參見羅香林《中國民族史》，頁一〇一。九族之定制，由己身往上，推至父母、祖父母、曾祖父母、高祖父母，往下，推至子與子婦、孫與孫婦，曾孫與曾孫婦，元孫與元孫婦，是爲直系九族（即父系九族）。由己身向旁，推至兄弟與兄弟之妻，從兄弟與從兄弟之妻，再從兄弟與再從兄弟之妻，族兄弟與族兄弟之妻，以至姊妹，從姊妹，再從姊妹，族姊妹等，是爲旁系九族。再由己身，推至母家的父母，與妻家的父母等等，則爲戚九族（亦分母系九族即外戚九族，及妻系九族即內親九族等不同稱謂）。

⑯ 參見張銘遠《黃色文明》，頁九七。

仍存有血緣關係，但這只能在鄉土區域範圍狹小的同鄉組織中存在，基本上，同鄉組織是地緣組織。無論如何，在同鄉組織中，彼此都基於鄉土觀念而相信彼此都是有親緣的鄉親觀念是一致的。

第二節 同鄉組織之產生

桑梓之邦，釣遊之地，習而安之，在平日亦不覺有何可戀。但當離鄉遠徙，懷歸不得，鄉思乃油然而生，此亦人之常情。國人愛鄉之心極強，故歷來愛慕故鄉的詩文甚多。雖然有時爲生計而作客他鄉異域，事業成功後却要衣錦還鄉；就算不幸失敗死亡，亦希望能把遺骨歸葬於祖宗塋墓。此「生於斯，死於斯」的落葉歸根之情，正可反影出國人強烈的鄉土觀念。所以，即使他們遠徙他鄉數代，仍然以祖宗廬墓之所在爲其故鄉。國人向來聚族而居，有福同享，有禍同當。故一旦外出任官、經商，或從事其他行業時，對他鄉異域的人和事，往往有格格不入之疏落感，甚至被異域人所排斥，眷懷鄉土之情便油然而生。因而以鄉親觀念之精神力量爲基礎，以同鄉之誼組成同鄉組織，如會館、公所、同鄉會等，便是自然之事。此擧既可團結互助，敦睦鄉誼，亦可聊解鄉思。從明清以來留存之會館碑文中，便可得進一步之了解。如上海的〈豫章會館碑志〉：

昔聞諸父老曰，間嘗走通都，過大邑，見夫士商雲集，或游宦，或服賈，羣然雜處其地者，罔不設立會館，為同鄉滙敍之所。……俾春秋佳日，宴集談心，不時聚首，雖處異鄉，情同故里，一舉三善，其快何如！⑰

又北京的〈紹興會館記〉：

明時，鄉貢士及庠士之優者，皆令居太學。學舍不能盡容，多館於其鄉在朝者之邸第。未聞立館以萃試士者。自舉人不隸太學，而鄉貢額加廣。於是朝官各闢一館，以止居其鄉人。始有省館，既而擴以郡，分以邑。築室幾徧都市。是不徒誇科目之盛，競閭里之榮，特慮就試之士離羣廢學，有以聚而振之也。⑱

又上海的〈四明公所碑〉：

久客他鄉，死生莫必，或年遠，子若孫，莫知其所，良可悼嘆！……合四明同鄉之從宦服賈於茲土者，以金錢三百六十文一愿，量力佽助，買地北郊，廣袤三十餘畝為義冢。旋思上海距四明程甫千里，扶櫬尚易，遽爾掩埋死者，與子孫恐有飲憾。乃建置厂屋二十間以寄柩，柩寄厂三年，始行厝葬。其有欲扶歸而無力者，量給資費，以遂其志。⑲

又北京的〈太平會館碑〉：「則所以滙鄉井於一堂，永朝永夕而敦桑梓之好者，端有賴於會館之設焉。」⑳

---

⑰ 見上海博物館圖書資料室編《上海碑刻資料選輯》，頁三三六，上海人民出版社，一九八四年版。

⑱ 見仁井田陞輯《北京工商ギルド資料集》，頁一二〇三，東京大學東洋文化研究所，昭和五十五年。

⑲ 參見張銘遠《黃色文明》頁二五九－二六〇。

⑳ 見李華編《明清以來北京會館碑刻選輯》，頁八五，北京文物出版社，一九八〇年版。

從上述碑文中，可知同鄉組織是由同鄉人於他鄉異域，以鄉親觀念之精神力量爲基礎，以團結互助爲目的而組成。

會館始自何時，至今仍未有肯定的答案。原因是缺乏歷史的記載。而一般學者多引用明劉侗、于奕正編撰之《帝京景物略》的一條資料：「嘗考會館之設於都中，古未有也，始嘉（靖）隆（慶）間。」㉑認爲會館始創於十六世紀中葉。據民國八年（一九一九年）《蕪湖縣志》載：

> 京師蕪湖會館在前門外長巷上三條胡同。明永樂間（一四〇三—一四二四年）邑人俞謨捐資購屋數椽並基地一塊創建。㉒

又同書〈人物志〉宦蹟項：

> 俞謨子克端，永樂元年選貢，任南京戶部主事，轉北京工部主事。在京師前門外置旅舍數椽並基地一塊，置自路姓者。歸里時付同邑京官晉儉等為蕪湖會館，正統間（一四三六—一四四九年）路姓後入搆訟爭地，謨子日升持契入質，斷歸蕪湖會館。至今公車謁選胥攸賴焉。㉓

證明十五世紀初期，京師已有會館之設。若捨名論實，會館絕不始於明代。全漢昇在《中國行會制度史》一書指出：

> 若捨名而論實，則會館絕不始於明代，南宋早已存在；雖沒有明說是「會館」，但從外郡人在杭州所幹的事情與後來會館的事業無異這一點看來，我們實不能否認有會館這一回事。南宋吳自牧《夢粱錄》卷十八〈恤老濟貧〉條：「杭城富室，多是外郡寄寓人居。蓋此郡鳳凰山，謂之客山，其山高木秀，皆蔭及寄寓者。其寄寓人多江商海賈，穹桅巨

艙，安行於烟濤渺莽之中，四方百貨，不趾而集，自此成家立業者衆矣。數中有好善積德者，多是恤孤念苦，敬老憐貧，每見此等人買賣不利，坐困不樂，觀其色，以錢物週給，助其生理，或死無週身之具者，妻兒罔措，莫能支吾，則給散棺助其火葬，以終其事。……」而且，杭州的同鄉者又有組織會社來敬神的事跡，這也可見當時都會裏同鄉相互間不是沒有建設的。同書卷十五〈社會〉條：「二月初三日梓潼君誕辰，以蜀仕宦之人，就觀建會。」㉔

一種社會制度，大概都是逐漸形成以至於完成的。完成後又隨着不同時代，不同的政治環境，與不同的社會環境等因素而不斷演進，以適應社會的變遷。所以，同鄉組織之會館制度亦是。會館始於明，至清康熙、雍正、乾隆時最爲興盛，但隨着清末新政的推行而逐漸衰微。民初，隨着時代的改變，政治與社會環境的改變，同鄉組織亦以新的形式出現，由會館演進爲同鄉會。組織形式上之會首制，亦改變成會長制、委員制、理監事制，但同鄉組織之基本性質却未有改變。竇季良在《同鄉組織之研究》一書中指出：

一種社會制度，在舊母體逐漸老去的暮景中，新個體卽由母體的軀殼裏逐漸的蛻化而去，

㉑ 見何炳棣《中國會館史論》，頁一三。
㉒ 參見《蕪湖縣志》卷十三，頁一上，民國八年版。
㉓ 同前註書，卷四十八，頁六上。
㉔ 見全漢昇《中國行會制度史》，頁九二—九三，臺北食貨出版社，民國六十七年版。

> 而以新的形式，嶄露頭角。它之所以蛻化出來，便是由於社會變遷而有的新刺激，新需要。……
>
> 以重慶的八省會館而言，自光緒末年以後，新政推行，其功能逐漸消失，寖漸走入衰微的路上。在這寖漸衰微的程途中，最初外界給予的刺激，是組織本身需要合法化；即須獲得新興社區政治勢力的重新承認，否則積遺下來碩果僅存的財產是難以保持的。因而實迫處此的由會館的舊制度轉型為同鄉會的新制度，而同鄉會的新制度却是根據着民初的臨時約法人民有集會結社權的規定。
>
> 自民元而後以迄於抗戰以前的二十餘年中間，是舊會館陸續轉型為同鄉會組織的時期。
>
> [25]

會館雖然被同鄉會所取代，但其以鄉親觀念之精神力量爲基礎的組織形式並未有改變。其敦睦桑梓、團結互助功能，推展至建設所在社區及家鄉的功能。同鄉會所辦理的救災恤貧工作，已不再局限於寄籍同鄉，而推展至社區有需要的人；當家鄉遭受自然災害時亦加以賑濟。如一九四二年，安徽省水災慘重，災區遍及阜陽、桐城等二十一縣，該省主席曾電請安徽旅渝人士籌款急賑。而安徽旅渝同鄉會除籲請政府撥款急賑外，並發起募捐，賑濟家鄉[26]。又如教育方面，不僅爲同鄉子弟辦學，其所辦學校亦兼收他籍學生，如江西旅渝同鄉會所辦的昭武小學及贛江中學等是[27]。可見同鄉會功能之推展擴大，從小羣觀念擴展至大羣觀念。

自國民政府播遷臺灣，中共統治大陸，同鄉組織被中共視爲封建社會組織而取締。同鄉組織只能在臺灣、香港、澳門及海外地區繼續生存發展，而當中更以香港的同鄉組織最爲興盛，彈丸之地竟有逾二百個同鄉會。這與逃避共黨統治而逃亡香港，使香港人口由民國三十九年（一九五〇年）九月的二百五十萬㉘，增至民國七十一年（一九八二年）十二月之五百二十萬，而中國人佔百分之九十七點三㉙，有着密切的關係。此等同鄉會亦秉承着傳統的宗旨，並繼續發揚光大，蘇浙旅港同鄉會就是其中之較著者。

㉕ 見竇季良《同鄉組織之研究》，頁三七—三八。

㉖ 同前註書，頁一〇〇。

㉗ 同前註書，頁九二。

㉘ 見大道文化有限公司編印《圖片香港歷史》，頁一一三，一九八七年版。

㉙ 見劉偉編《香港主權交涉史》（上冊），頁一，廣角鏡出版社，一九八三年版。

第三章　蘇浙旅港同鄉會之創立與組織

第一節　蘇浙之人文環境

蘇（江蘇）浙（浙江）兩省相連，位處我國東南。東面臨海，南面、西面及北面分別與福建、江西、安徽及山東各省相毗鄰。面積逾二十萬一千平方公里。境內著名的河流有淮河、長江及錢塘江，有經歷代開鑿，聯接浙江、江蘇、山東及河北四省，溝通錢塘江、長江、淮河、黃河、衞河及泗水等河流之運河，並有太湖、洪澤湖等等湖泊。整個地區丘陵、平原交錯，河湖衆多、水網密佈，加上氣候溫和，雨量充沛，土地肥沃，物產富饒。史稱其「地廣而饒財」，既有「江湖之利」，又有「山澤之饒」❶。

蘇浙歷史悠久，在政治地域區畫上，亦關係密切。據《元和郡縣圖志》❷、《元豐九域志》

❶ 見江蘇省社會科學院歷史研究所編《江蘇史話》，頁四六，江蘇教育出版社，一九八九年版。

❷ 唐李吉甫撰《元和郡縣圖志》，中華書局，一九八四年版。

❸、《江蘇省地理》❹、《江蘇史話》❺、《浙江地理簡志》❻、《浙江文獻叢考》❼、《浙江古代史》❽等書所載，蘇浙於春秋時期（公元前七七〇至四七六年）屬吳越兩國。戰國時期（公元前四七五至二二一年），諸侯互相爭戰，各國勢力範圍互有消長。公元前四七三年，越王句踐敗吳王夫差於姑蘇（今蘇州），吞併吳國。公元前三〇六年，楚滅越，原有吳越之地盡歸楚國。公元前二二一年，秦始皇統一天下，推行郡縣制，設置三十六郡，江蘇境長江以南與浙江大部份土地均屬會稽郡，長江以北分屬東海及泗水二郡。漢代（公元前二〇六至公元二二〇年）長江以南與浙江全境均隸揚州刺史部，領會稽及丹陽二郡。三國時（公元二二〇至二五六年），除江蘇北部屬魏國外，均屬吳國領土，隸揚州。晉朝（二六五至四二〇年）時與吳時相若，除江蘇北部隸徐州外，餘均隸揚州。南北朝（四二〇至五八九年）時南北紛爭，政治區畫變動較多，蘇浙分隸揚州、東揚州、徐州及南徐州。至隋（五八一至六一八年）統一全國，文帝開皇間廢郡存州，蘇浙兩地置蘇、常、潤、揚、楚、海、徐、杭、越、婺、處、睦十二州。大業初，又改州爲郡，即吳、毗陵、丹陽、江都、下邳、東海、彭城、餘杭、會稽、東陽、永嘉、遂安各郡。唐朝（六一八至九〇七年）貞觀元年（六二七年），天下大定後，據山川河流形勢分全國爲十道，除江蘇部分隸河南及淮南道外，與浙江均屬江南道。五代十國（九〇七至九六〇年）時期，長江以南之蘇浙均屬臨安人錢鏐開創之吳越國。而南唐亦擁有淮南及江北土地；而淮北則先後屬五代之梁、唐、晉、漢、周。宋朝（九六〇至一二七九年）初法唐，後改道爲路。神宗元豐六年（一〇八二年）全國共分爲二十三路，江蘇南部與浙江同隸兩浙路，餘分隸江南東路、淮南東路及京東西路。至宋室南渡（一一二七年），江蘇之淮北盡入金人手中

外，分隸浙西、江東及淮東三路，而浙江僅隸浙西及浙東二路。元代（一二七九至一三六八年）分全國爲十一行中書省（簡稱行省），江蘇長江以南與浙江均隸江浙行省，而長江以北分隸河南、江北等行省。明代（一三六八至一六四四年）改元代之行中書省爲布政使司（通稱行省），全國分十三布政使司及南北兩直隸。江蘇屬南直隸，而浙江稱浙江布政使司，浙江作爲省名始此，迄今已六百餘年，地域與現在大致相同。清代（一六四四至一九一一年）康熙年間，實行行省制，至光緒三十三年（一九零七年）分全國爲二十二行省，置江蘇省（包括今上海市在內）及浙江省，與現在兩省地域大致相若。從上述歷代不同政治地域的區畫上看，蘇浙兩地往往同轄一區畫，特別是江蘇省長江以南之地域，長期與浙江省同屬一轄區，可見其地域關係之密切。

論及蘇浙的民族，雖然春秋時期的吳越兩國分別號稱是泰伯之後的姬姓國及夏少康之後的姒姓國❾，但從發掘的古蹟古物及「斷髮紋身」之習俗、語言等分析，蘇浙民族是屬於越族，

---

❸ 宋王存等撰《元豐九域志》，中華書局，一九八四年版。
❹ 單樹模、王庭槐等編著《江蘇省地理》，江蘇教育出版社，一九八六年版。
❺ 同❶書。
❻ 浙江人民出版社編印《浙江地理簡志》，一九八五年版。
❼ 洪煥椿編著《浙江文獻叢考》，浙江人民出版社，一九八三年二月版。
❽ 倪士毅《浙江古代史》，浙江人民出版社，一九八八年版。
❾ 參見漢司馬遷撰《史記》〈吳太伯世家〉、〈越王勾踐世家〉及漢趙曄著《吳越春秋》。

並非華夏民族⑩。顧鐵符在《楚國民族史略》中謂：

楚國境內另一個民族是越族。越族是我國以至東南亞一個相當古老的，而且亦是分佈面積最廣的民族。……

要說越族人，春秋、戰國時候吳國和越國的人，雖然不是全部，但應當絕大多數是越族。⑪

吳越是古代江蘇浙江的國名，可見蘇浙人基本上是同屬越族，致有「吳越一家」之謂。

蘇浙兩省地理環境大致相若，都具江南水鄉的特色。而兩地人民的生活及風俗習慣亦相若。在語言方面雖不盡相同，但亦有其相同的區域，以蘇州吳縣爲中心，擴及蘇浙兩省許多縣分，大致包括「自江以南，自浙以西」均屬吳語區⑫。

蘇浙兩省氣候溫和，雨量充沛，水網密佈，土壤肥沃，有優越的自然條件，爲江南魚米之鄉，農業非常發達。自隋唐後，全國經濟重心南移，致有所謂「天下大計，仰於東南」及「賦之所出，江淮居半」的說法⑬。主要農作物有稻、麥、粟、豆、棉、麻及蔬果等等。漁業方面，由於有江河湖海之利，魚產甚豐，秋天的蟹及鱸魚更享有盛譽。在手工業而言，太湖沿岸一帶，適合植桑養蠶，爲全國絲綢織品的重要基地。除絲織業外，蘇浙還有冶礦、陶瓷、漆器、紡織、製鹽、製茶、造紙、印刷等等工業。又由於地處海濱，又是水鄉澤國，所以造船業亦很發達。而運河的開通，江南河、邗溝、通濟渠及永濟渠連接了海河、黃河、淮河、長江、錢塘江五大河流，南北交通暢通無阻，從杭州直通北京。除對交通影響外，對當地經濟發展亦起促進作用。兩省在唐宋時已與日本及高麗有貿易往來，明清時更擴展至東南亞各國。南京、揚州、蘇州、杭州、明州等都是著名都市。況且南京更是吳、東晉、宋、齊、梁、陳六朝的國都。

蘇浙兩地，山川毓秀，素有「上有天堂，下有蘇杭」之美譽。更是人才輩出，有「人才薈萃」之美稱。在蘇浙土地，哺育過像華佗、葛洪、祖冲之、沈括、畢昇、徐光啓等等傑出的科學家及發明家，產生過像顧愷之、米芾、倪瓚、唐寅、祝允明、褚遂良，及以鄭板橋爲代表的「揚州八怪」和以龔賢爲代表的「金陵八家」那樣的書畫大家，像王充、王守仁、黃宗羲、全祖望、龔自珍等思想家，又哺育過如陳琳、蕭統、駱賓王、施耐庵、吳承恩、羅貫中、馮夢龍，以及南北朝之沈約、鮑照，唐代賀知章、張若虛、張旭、包融，宋代之范仲淹、秦觀、周邦彥、陳師道、吳文英、陸游等，元代之張可久、徐再思、柳貫等，明代之王冕、宋濂、歸有光、茅坤、王世貞、胡應麟等，清代之錢謙益、金聖嘆、朱彝尊、袁枚、章學誠、洪昇等不勝枚擧的傑出文學家。江浙地區經濟繁榮、文風興盛，科名亦盛。以清代全國各直省獲中會元、三鼎甲和傳臚的人數爲例，江蘇、浙江、安徽、直隸（含順天）和山東五省獲中的人數最多，依次爲江蘇一八四人，浙江一三七人，安徽四十一人，直隸三十七人，山東二十四人⑭，以江蘇和浙江最盛，眞不愧有「人才薈萃」的美稱。

---

⑩ 參見倪士毅著《浙江古代史》，頁二二—二三。

⑪ 見顧鐵符著《楚國民族述略》，頁一〇七，湖北人民出版社，一九八四年十月版。

⑫ 見天鷹著《論吳歌及其他》，頁二—三，上海文藝出版社，一九八五年一月版。

⑬ 同❶書，頁二。

⑭ 參見商衍流著《清代科擧考試述錄》，頁一六九，北京三聯書店出版，一九八三年十月版。

第二節　創立宗旨

香港地域包括香港島、九龍及新界三部份，屬廣東寶安縣，在地理位置上與廣州唇齒相依，而廣州乃清乾隆二十二年（一七五七年）起實行對外「獨口通商」之唯一商埠。十九世紀初，英國大舉向遠東擴展勢力，認為如能據香港為己有，對其擴大對華及遠東諸國貿易當有極大利益。因此，在一八四二年鴉片戰爭後強迫清政府簽訂《南京條約》，將香港島割讓與英國，成為英國殖民地⑮。一八六〇年，英法聯軍攻入北京，英國政府與清政府簽訂《北京條約》，將九龍南部亦讓給英國⑯。此外，英國更於一八九八年六月與清政府簽訂《拓展香港界址專條》，獲得新界租借權，租期九十九年⑰。從此，香港成為英國之殖民地。

香港在英國統治下大力拓展商業貿易，加以四十年代中國風雲變幻，大量資金及人才流入，使香港工商業得以蓬勃發展，成為今日世界知名的金融中心，素有東方明珠之美譽。抗戰前，蘇浙兩省籍人士來港經商或旅遊者，時而有之，但長期居留者則甚為少見，故無蘇浙同鄉會之組織設立。

民國二十六年（一九三七年）「七七」事變發生，日軍大舉進犯中國疆土，七月二十九日，北平陷落日軍手中。八月十三日，日軍進犯上海，抗日軍民浴血奮戰抵抗，惟日軍配備優良，在飛機大炮猛烈轟炸掩護下節節前進，十一月九日，上海陷落。十二月十三日，南京陷落，三十餘萬人民慘被屠殺。山明水秀，物阜民殷，人才薈萃之蘇浙兩省，在日軍之炮火下相繼淪陷，商人富豪相率避難香港。離鄉背井，言語隔閡，交遊偏狹，精神寂寞，所營工商事業自然受到莫大影響。爲達到「物競天擇，適者生存」之目的，不期然而有團結一致，互助互利的需要，既同鄉且同業之組織乃應運而生。一九三九年以前，居留香港之蘇浙籍工商實業金融界人士，以鄉親觀念爲精神力量，成立旅港蘇浙滬商人協會⑱。該會既無政治背景，亦無堅強組織，祇是同鄉間爲求適應香港社會發展之結合體。

民國三十年（一九四一年）十二月七日晨，日軍突襲珍珠港美軍基地，掀起太平洋戰爭。翌日進軍香港，爆發英日之戰。在衆寡懸殊下，英軍敗退。十二月二十五日，港督楊慕琦爵士

---

⑮ 見劉偉編著《香港主權交涉史》（上冊），頁九五，（廣角鏡出版社一九八三年八月版）南京條約第三款：因大英商船遠路涉洋，往往有損壞須修補者，自應給予沿海一處，以便修船及存守所用物料。今大皇帝准將香港一島給予大英君主暨嗣後世襲主位者常遠據守主掌，任便立法治理。

⑯ 同前註書，頁一六六，中英北京條約第六款：前據本年二月二十八日（一八六〇年三月二十日）大清兩廣總督勞崇光，將粵東九龍司地方一區，交與大英駐紮粵省暫充英法總局正使功賜三等寶星巴夏禮代國立批永租在案，茲大清大皇帝定即將該地界付與大英大君主並歷後嗣，並歸英屬香港界內，以期該港埠面管轄所及庶保無事。其批作爲廢紙外，其有該地華民自稱業戶，應由彼此兩國各派委員勘查明，果爲該戶本業，嗣後倘遇勢必令遷別地，大英國無不公當賠補。

⑰ 同前註書，頁二二五，中英拓展香港界址專條：溯查多年以來，素悉香港一處非展拓界址不足以資保衛，今中英兩國政府議定大略，按照黏附地圖，展拓英界，作爲新租之地。……以九十九年爲限期。又議定所有現在九龍城內駐劄之中國官員，仍可在城內各司其事，……其餘新租之地，專歸英國管轄……

⑱ 見《蘇浙旅港同鄉會會刊》（一九七二年），頁五。

（SIR MAKRA YOUNG）宣佈向日軍投降，香港淪陷[19]。由民國三十年十二月二十六日至三十四年八月十五日，香港在日軍之血腥統治之下渡過了一段艱苦日子。日本人將所有香港政府官員送進集中營，封鎖港口，接管碼頭、倉庫，徵用車輛及船隻，沒收商人資產，凍結銀行存款，以軍票替代港幣，下令市民疏散回鄉，施行軍法統治。香港百業停頓，糧源短缺，燃料不足。旅港蘇浙同鄉泰半陷於困境，留港則生活無着，回鄉則交通阻梗。而旅港蘇浙滬商人協會業告停閉，留港熱心會董鄉彥，目覩同鄉厄困，進退維谷，知非患難相助，無法渡此難關。乃於民國三十一年二月，籌組蘇浙同鄉遣送歸鄉委員會，使戰火餘生同鄉能作歸計。時航運未復，故舉辦陸路歸鄉團，前後十三批，遣送鄉胞二千七百二十人歸鄉[20]。及後海運恢復，該會乃向船公司商議，每班往滬輪船劃定艙位，優先分批遣送，共計七十七次，遣送鄉胞回滬者二千六百八十五人[21]。凡能自籌旅費者協助之，缺乏旅費者資助之，使同鄉安返家園，骨肉團聚，不致流落異鄉，飄泊港九，造福同鄉，實非淺鮮。

該會草創之初，僅設幹事會，公推會長一人，副會長二人，幹事若干人，均留港熱心公益，德高望重，輸財出力之鄉彥推任之。會長一職由諸文綺出任，副會長倪士欽及章叔淳，幹事有陳國華、周曹裔、阮維揚、嚴諤聲、蔡仁抱、許敬甫、許源來、唐渭濱、蕭三平、董伯英、范祖光及周文彬。發起人有會長徐季良、李組才等[22]。在幹事會中會長三人均爲江蘇籍，而幹事中亦有陳國華、周曹裔、蔡仁抱、唐渭濱及周文彬屬江蘇籍；其餘七人爲浙江籍。整個幹事會而論，江蘇籍者佔八席，浙江籍者佔七席，分別是百分五十三及四十七。而發起人江浙籍比例亦相若，更湊巧者，其比例與一九八八年蘇浙旅港同鄉會會董會（見附錄一）之江浙籍比例竟然一樣。江蘇籍者佔優勢，這與其在港人數有着密切關係。四十年代來港者以上海人爲多，而上海過去一直爲江蘇省屬，故此江蘇籍較浙江籍在港人數較多原因相信在此。茲爲進一步證明，曾將民國七十一年度就讀於蘇浙小學之學生籍貫比較，其中上海籍者一七六人，江蘇籍者二〇六人，浙江籍者二一六人㉓。若將上海籍及江蘇籍人數相加，共有三八二人，與浙江籍之二〇六人相較，分別是百分之六十五及三十五。雖然這種計算蘇浙籍人數並非精確，但以蘇浙籍人多集中居於北角一帶，而其子女多就讀於蘇浙小學而論，是可確信之事實。所以，若以人數多寡推選幹事，江蘇籍者佔優勢亦是必然之事。況且，諸文綺、倪士欽及章叔淳乃前旅港蘇浙滬商人協會之會董，曾極力救助貧困同鄉安返家園，當時捐資出力，熱心爲同鄉解厄困者亦是他們，其當選是必然的，這與昔日會館制度之會員制如出一轍。竇季良在《同鄉組織之研究》一書中指出：

至於所謂的「會首」，雖然由會衆公推的，但被推為會首的似乎必須具備了某種資格或地位才算有分。被推為會首的資格，除須為人「年高公正」而外，有的是對於會館財務有相當的貢獻或勞績，有的在同鄉區域裏面有代表某一個地方的資格，有的或是在當時

⑲　見大道文化公司編印《圖片香港歷史》，頁一一一，一九八七年九月版。
⑳　見《蘇浙旅港同鄉會特刊》（一九五三年），頁三五。
㉑　同前註。
㉒　見前註書，頁三五。
㉓　見《蘇浙小學三十週年校慶特刊》（一九八三年），頁一一三。

有着榮顯的頭銜。

對會館財務的貢獻，不外是會產的捐置，會金的捐納，當然是貢獻愈多，更合於會首的資格。而貢獻最多的也不會落在中產以下之人的身上，必然是同鄉中的富商大賈。因此各地有名的大會館，其主持會務的會首，多半是同鄉大商號的經理人。[24]

以上雖爲清代盛行的會館制度之一部分，但時至今日，香港二百多個同鄉會中，其會長泰半爲公司企業之董事或經理，或成功人士，而對其所屬同鄉會之財務均有相當貢獻，這與昔日會館制度下會首之產生大致上是具備了相同的條件。同樣，無論是今日之會長，或昔日之會首，其當選使人有民主意味之聯想，但其當選雖說是由會員推選而來，其實這種「推選」，不如說是「公認」。因爲會員面對面的彼此素相習狎，今有「德高望重」之人，對於該會財務有相當貢獻或勞績，或是足以代表同鄉，或在社會上有榮顯之地位，便自然被選爲領袖。所以，這種推選會長之民主形式，帶有其局限性，也就是非財雄勢大不可。

該會爲進一步健全組織，於民國三十一年九月改幹事會爲理事會，同時，有鑑於該會並非單爲遣送同鄉安返家園，亦應辦理會員福利，贈醫施藥，恤災助殮等慈善福利工作，故此，三十二年元旦起，將蘇浙同鄉遣送歸鄉委員會改名爲蘇浙旅港同鄉會[25]。

民國三十四年秋，抗戰勝利，香港重光。蘇浙旅港同鄉會亦於此時修訂會章，增強組織，廣徵會員，拓展會務。三十五年一月五日，該會假皇后大道中大華飯店召開第一屆會員大會，選舉第一屆理監事，並向港府華民政務司署註册成爲合法社團，蘇浙旅港同鄉會方告正式成立[26]。當時，註册是需要呈交該會章程及由該會負責人簽署，而負責簽署者乃會長倪士欽、徐季良及李組才。

該會註册章程（見附錄二），首先列明該會乃成立於香港之蘇浙兩省籍同鄉組織，而其功能在於聯絡鄉誼，交換知識，互助合作共謀同鄉之福利。而具體之工作是辦理慈善救濟、職業介紹、調解爭議及醫藥衞生、教育等項，並舉行一些交誼敍餐會、旅行、體育、娛樂等活動，出版刊物等，藉以發揮該會之功能。在會員方面，凡蘇浙籍者均可加入爲會員，並增加工廠、行號、商店會員，只要該等工廠、行號、商店爲蘇浙同鄉所主辦，便可加入該會爲工廠、行號、商店會員。況且，凡蘇浙同鄉，不論其是否該會會員，只要其熱心贊助該會者，按其捐款多寡而公請爲該會永久會員、名譽理事、顧問或名譽理事長。此舉較昔日同鄉組織更能吸收會員及增加該會資源，對該會之發展裨益良多。在組織方面，沿用民初時一般同鄉組織之理監事制，各項事務除設專人負責外，亦訂明處理各項事務之程序，一切均有明確規定，保證該會會務運作及組織之正常發展。

章程中使人明白到，該會乃純蘇浙同鄉所組成之同鄉會，其功能主要在於同鄉互助，包括慈善救濟、公宴、康樂、託事、職業介紹、教育、贈醫施藥、調解糾紛等。此與民初以迄於抗戰時期舊有同鄉會組織之功能大致是相同的，可以說是舊有的同鄉會組織之延續。這與抗戰而

㉔ 見竇季良《同鄉組織之研究》，頁二五。

㉕ 同⑳書，頁三五。

㉖ 見《蘇浙校刊》（一九五五年）〈蘇浙旅港同鄉會簡略報告書〉，頁一。

後之同鄉組織參與戰時救濟、慰勞獻金及戰時地方行政之策進等㉗，積極參與社會事務功能相比，顯然是較爲狹窄。相信是當時香港社會環境難使其有歸屬感，以及成立之初，一切剛開始，資源不足等因素所局限。另一方面，其會員之權利與舊有同鄉會亦有不同之處，因其將會員分成甲種會員（有選擧及被選擧權）及乙種會員（無選擧權與被選擧權），是以每年繳納會費之多寡而論定，實在剝奪了乙種會員之權利，削弱其對該會之熱誠，此點實在是不足之處。當然，有財勢得體面者成爲會中領導者亦是必然的。該會第一屆理監事中，有名譽會長杜月笙，名譽理事唐渭濱，會長倪士欽，副會長徐季良，常務理事董伯英及理事李裁法等㉘。名譽會長杜月笙，乃二、三十年代藉煙賭起家的青幫鉅子，是聞名大江南北的慈善家，亦是企業家、銀行家、文化事業中之鉅子，許多軍政界要員都曾禮於其門下，是當時黃埔灘上無人不曉的傳奇人物。杜氏曾於民國二十六年（一九三七年）冬與宋子文、錢新之等逃離陷敵之上海而到香港，寓九龍柯士甸道。時杜氏任中國紅十字會總會之副會長及賑濟委員會之常務委員，主管第九區賑濟工作㉙。民國三十四年八月十四日，日本宣佈接受（波茨坦宣言）無條件投降。杜氏九月重返上海，至民國三十八年四月三十日，杜氏重臨香港，寓堅尼地台，由於患有哮喘病，在身心均受打擊下，於民國四十年八月十六日病逝香港，獲蔣總統（介石）頒賜「義節聿昭」輓額旌揚㉚。民國三十五年時杜氏人在上海，蘇浙旅港同鄉會推擧其爲名譽會長，仍借重其顯赫大名而已。因杜氏職銜甚多，其一生最盛時期之顯赫職銜有行憲國民大會代表、上海市參議員、復旦大學校董、申報董事長、全國輪船業公會理事長、全國棉紡織業公會理事長、中華貿易公司董事長等職銜共七十個，其中計董事長三十四、理事長十、常務董事三、董事九、會長二、副會長一、校董二、常務理事一、理事二、代表、參議員、監察、主任、創辦人、副主任委員各一㉛。在上述諸頭銜中，其實屬於杜氏私人事業者僅中滙銀行及華豐麵粉廠、華豐造紙廠，還有在華商電氣公司和浦東銀行等事業佔了或多或少的股份㉜。抗戰勝利後，杜氏地位更形重要。上海金融工商界一致擁護杜月笙，是因其經過八年抗戰資本更雄厚，交遊更廣，幹部更多，於是杜氏比戰前更値得爲工商界所利用、所依靠，遇有困難，唯有杜氏能給其一力肩挑，環顧宇內，找不到如杜氏這樣無所不至的大保鑣㉝。杜月笙本人雖明知被人利用，但亦可利用別人以抬高身

㉗ 見㉔書，頁九六－一〇一。

㉘ 該會第一屆理監事及各部職員如下：名譽會長杜月笙、胡友卿、諸文綺，名譽理事唐渭濱、王志聖、龔艮緯、蕭三平，會長倪士欽，副會長徐季良、李組才，常務理事董伯英、陳趾祥、莊芹蓀、胡士澄、李士華、金通明、顧健夫、陳燮南，理事李裁法、張湖生、張勇保、范祖光、朱質人、聞徵明、沈吉誠，候補理事阮大昌、嚴雲龍、王鴻銘，監事周毓浩、千家駒、鄭寧遠、茅晨聲、薄履冰，候補監事陳彥卿、胡景明，總務范租光、朱質人，財務胡士澄、金通明，交際陳趾祥、陳燮南，調查李士華。見《蘇浙港同鄉會特刊》（一九五三年），頁三七。

㉙ 見章君穀著《杜月笙傳》，第三冊，頁一八七－一九七，傳記文學雜誌社，民國七十五年版。

㉚ 同前註書第四冊，頁三一五。

㉛ 同前註書，頁一〇三。

㉜ 同前註書，頁一四二。

㉝ 同前註書，頁一〇三。

價，因此沾沾自喜，樂於接受。所以，蘇浙旅港同鄉會亦以杜氏爲名譽會長，以振聲勢，以廣招徠。杜氏當然樂於接受，況且該會中亦不乏其門人及友好。杜氏於民國三十八年重臨香港後，曾任該會建會創校基金徵募隊總隊長，並自捐一萬六千餘元以響應㉞。

時香港房屋奇缺，副會長徐季良將其雪廠街太子行一一八室無條件讓與該會作爲會所㉟。在理監事同人及同鄉輸財出力，衷誠合作下，會務得迅速發展。

民國四十三年七月四日，經第九屆第四次理監事聯席會議決議，爲鞏固該會基礎，配合會務之發展及累積財產之管理，事業之監督；並因對外發生債權債務關係，遵照港府當局核示，改組註冊爲社團有限公司。根據公司法，需要擬就該公司的組織章程大綱（Memorandum of Association）及細則（Articles of Association），並由兩名以上負責人簽署，呈交公司註冊處（Companies Registry）註册㊱。該會之組織章程大綱及細則經再三研究修訂，於一九五五年第十屆臨時會員大會通過，並委託林文傑律師辦理註册手續㊲。民國四十六年（一九五七年）二月二十日，經香港政府公司註册處核准註册，成爲合法社團有限公司，並簽發公司註册證書（Certificate of Incorporation）。（參見附圖一、二、三）

在該會註冊章程組織大綱中（見附錄三），其功能不再像該會成立初期一樣，僅局限於同鄉間之互助合作，維護同鄉福利，而是將其功能擴展至爲社會服務，配合社會之發展。如條文中有：「視本身之財力辦理社會救濟事業」；「創辦學校協助政府發展教育」；「創辦醫藥衞生機構及公墓，以最低廉之費用或免費爲貧苦同鄉服務，如有餘力，普及香港一般社會各界」等項，可見該會已將本身組織融入社會，在同鄉間互助合作維護會員福利之基礎上，視服務社會之慈善福利及教育事業爲其功能之所在。另方面，該會亦可通過投資股票物業之買賣等，以期靈活運用本身資財，充裕該會資金，增強其功能，此實一大進步。至於該會章程（見附錄四），在會員方面與昔日無多大變化，會議之形式及程序較前有更詳細之規定，而理事會之產生及職員除有具體規定外，更增設了永遠理事廿一人，對鞏固該會之領導，得到進一步加強；會產之管理及財政之運用，亦較前由理事會將賬目造報監事會審核，有更詳細規定，如「設立正式賬簿，記載一切款項之進出及其資產負債之情形」、「各獨立機構設獨立賬簿」等；並且規定聘任會計師以稽核該會賬目，既符合註册條例，亦使該會組織更完善。

我國同鄉組織之會館，始於明而盛於清，自民元而後以迄於抗戰以前之二十餘年中間，是舊會館陸續轉型爲同鄉會組織的時期。（參見第二章第二節）其後，國民政府播遷臺灣，大陸在共產黨統治下，再無同鄉會組織存在，只有臺灣、香港、澳門及海外華僑聚居之地才有同鄉會組織。據民國六十六年年華僑志所載，全球有同鄉團體一千一百九十七個㊳。據筆者調查統

㉞ 見《蘇浙旅港同鄉會特刊》（一九五三），頁三六。
㉟ 見《蘇浙旅港同鄉會會刊》（一九七二年），頁六。
㊱ 參見港人協會編《香港法律十八講》，頁五三，商務印書館香港分館，一九八七年版；及李澤沛主編《香港法律概述》，頁九六，三聯書店（香港）有限公司及法律出版社聯合出版，一九八八年六月版。
㊲ 參見《蘇浙校刊》（一九五五年）〈蘇浙旅港同鄉會簡略報告書〉，頁一。
㊳ 見華僑志編纂委員會編《華僑志》，頁二〇八，民國六十七年版。

計所得，香港有逾二百個同鄉會組織，佔全球五分一，可見香港同鄉會組織之盛，同鄉會之成立，均以聯絡鄉誼，發揮互助精神，爲同鄉謀福利爲基本宗旨。蘇浙旅港同鄉會亦復如是，其宗旨爲：

一、聯絡鄉誼互助合作共謀同鄉之福利；

二、應同鄉之請代爲介紹職業及調解爭議等；

三、創辦醫療設施及公墓以低廉或免費爲貧苦同鄉服務並普及社會；

四、辦理社會福利救濟事業；

五、創辦學校協助政府發展教育。（參見附錄二、三）

以上數項，乃避難南來居留香港之蘇浙同鄉之需要。其離鄉背井，來到陌生環境生活，言語上的隔閡，生活習慣的不同，一時難以適應，自然困難重重。況且大多經濟困苦，極需幫助解決其生活問題。而香港又是一個以粵籍爲主的地方，狹隘的地方主義色彩濃厚，要生活下去，就必須團結一致，而團結的對象就是同聲同氣，生活習慣及言語相同的蘇浙同鄉。所以，蘇浙旅港同鄉會之成立，就是要將同鄉會作爲蘇浙同鄉團結的核心，在鄉土情重的鄉親觀念下，團結一致，發揚「守望相助，疾病相扶持」的精神，使同鄉能在香港站穩腳根生活下去。當時的香港，並非如今日之繁盛，平民百姓多爲逃難而來，生活艱困，社會醫療及教育落後，捉襟見肘之貧苦大衆，應付生活已成問題，遇有病患難以延醫就診，況且適齡入學兒童的教育問題更無法解決，但却在需要解決，惟有寄望於同鄉間互相幫助之途。事實上，蘇浙旅港同鄉會之成立，就是要發揚「守望相助，疾病相扶持」之精神，藉此解決同鄉之困難，組成一個團結互助，致力爲同鄉謀福利，進而服務社會爲宗旨的社團。正如竇季良指出：

> 一種社會組織的功能是起於其組織本身的需要，而被決定於組織本身以外的助力。其功能的進展也是逐漸演化的，是緊隨着組織本身的需要和組織以外的助力的變動而變動的。同鄉組織的功能起始或在於供應旅外同鄉的宿住，或在於同鄉客死者的祠祭與厝葬，或在於同鄉商人對抗土著和他籍商人以維護其商業上的利益，這些是極為紛歧的。自會館制度創建後，這纔開始了普遍一致的具體功能，那便是神道的功能與互助的功能。神道功能的表現，是同鄉們在所謂的「鄉土神」的神前團結起來，在神前祈福，在神前娛樂與社交。
>
> 同鄉組織之相依並存的神道功能與互助功能，大都僅及於同鄉，是消極的。但因同鄉人士寄居他鄉日久，與所在社區的共同生活融而為一，再加以所在社區的政治地位優勢者的倚託，便由互助的功能漸及於建設的功能，而努力於社區建設。[39]

蘇浙旅港同鄉會便是由互助功能漸及於建設功能爲宗旨，而努力於社區建設的同鄉組織。

至民國五十七年（一九六八年），南遷香港之蘇浙籍人士達四十餘萬[40]，以民國六十九年初本港人口逾四百萬計[41]，蘇浙人佔香港人口百分之十，其中不乏工商巨賈及才智之士，要達

[39] 見竇季良編著《同鄉組織之研究》，頁六七及七六。
[40] 見《蘇浙旅港同鄉會第十五屆理事工作報告》（一九六八年），頁一。
[41] 政府統計處資料，亦見於周永新著《香港社會福利政策縱橫談》，頁一七，天地圖書有限公司，一九八八年版。

成其宗旨亦非難事。該會四十餘年來之濟貧助學成績顯著，民國四十二年至六十二年之二十年間，獲該會減免學費者有四六三三人，獲獎學金者六七八七人，民國六十三年至七十三年獲該會貸助學金者有一〇九六人，金額逾二百八十七萬元㊷，並先後創辦一所小學暨幼稚園及三所中學，兩所安老院及一所診療院等，在在均獲得重大成就，不但惠及同鄉，更惠及社會貧苦大衆。蘇浙旅港同鄉會確實達到其造福桑梓、服務社會之宗旨。

第三節　組織行政

蘇浙旅港同鄉會在香港二百多個同鄉會中，無論會員人數（二千餘人）及所辦的慈善福利及教育事業，皆是其中佼佼者。其成就並非一朝一夕可致，乃經過長期努力耕耘所得。該會歷四十餘年的努力，發展成一個最具規模的同鄉會，其組織亦在這四十餘年中，從創立成長而壯大。

該會之前身，乃民國二十八年（一九三九年）由在港之蘇浙商人組織之旅港蘇浙滬商人協會。當時協會之成立，圖於同鄉暨同業之聯誼中，發展鄉僑事業。其組織屬於既同鄉又同業性質，故自有其局限性。以會員對象而論，已遠比不上僅以同鄉爲對象之廣，故其組織較小，實際上乃一小商會而已。

民國三十年（一九四一年）十二月七日，太平洋戰爭爆發，翌日日軍進襲香港，二十五日，香港淪陷。其時，旅港蘇浙滬商人協會已停閉。其後該協會部分會董及鄉彥爲解決貧困同鄉返鄉之困難，遂有蘇浙同鄉遣送歸鄉委員會之誕生。該委員會組織對象爲蘇浙籍同鄉，其組織行政採幹事會制，設會長一人，副會長二人，幹事若干人處理會務，幹事會成員均由熱心鄉彥出任。在會員同心協力下，有錢出錢，有力出力，當時受資助安返家園之同鄉達五千餘人㊸。

民國三十一年九月，該委員會易幹事會爲理事會，設理事長一人，副理事長二人，及常務理事若干人。理事長綜理一切會務，副理事長輔助之；常務理事分任財務、福利、交際及秘書等職務。事實上，理事會與幹事會祇是稱謂上之改變，實際工作分配並無多大差異。民國三十二年元旦起，該會經理事會議決改稱爲蘇浙旅港同鄉會，繼續拓展會務。

民國三十四年太平洋戰爭結束。翌年一月五日，該會召開第一屆會員大會，選出第一屆理監事，並向港府註册成爲合法社團組織。至此，蘇浙旅港同鄉會方告正式成立。而該會組織行政亦改理事會爲理監事會，其組織系統如下：

㊷ 參見《大成》月刊，第一四二期，頁四一。

㊸ 見《蘇浙旅港同鄉會特刊》（一九五三年），頁三五。

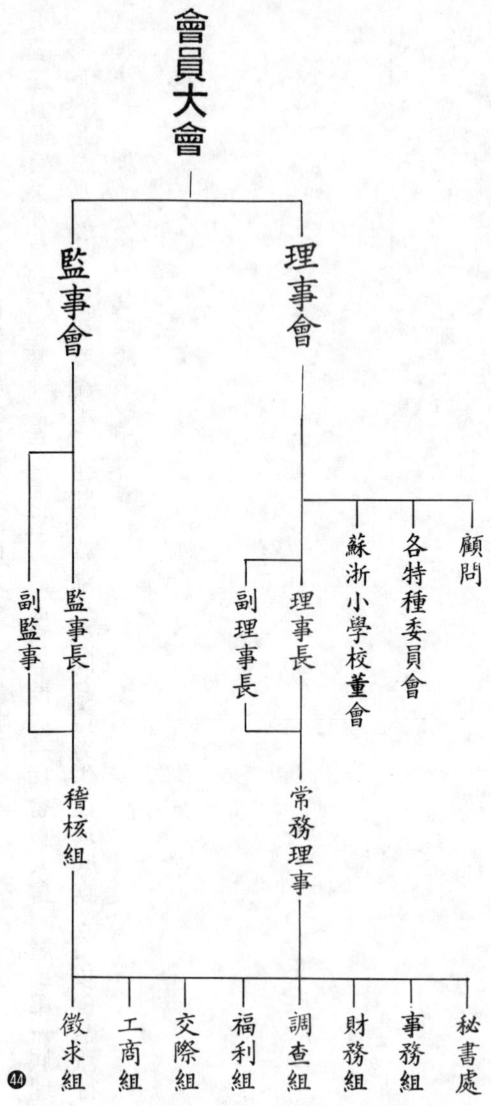

44

該會以會員大會爲最高機構，由大會選舉理事十一至二十五人，候補理事五至七人而組成理事會；監事七至十一人，候補監事二至五人組成監事會。大會決議事項交由理事會執行，監事會負責監察之。理事會就理事中互選理事長一人，副理事長二人，及常務理事八人。理事長綜理一切會務，對外爲該會代表，副理事長輔助處理一切會務。理事會設秘書處、事務組、財務組、福利組、調查組、交際組及徵求組，每組設主任一人，由常務理事分任。該會重要事宜由理事會決議施行，日常事務由各組主任處理。而監事會就監事中互選監事長一人，副監事長一人。監事會職責是監察一切會務及稽核賬目，並列席理事會議。理監事任期一年，連選得連

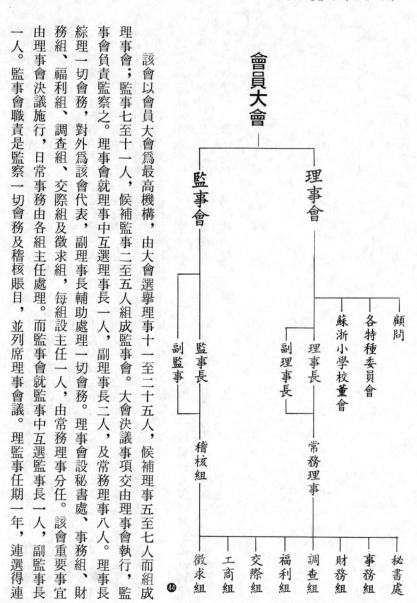

任。（參見附錄二）此理監事制比幹事制及理事制有長足進步，其進步在於設立監事會負責監督會務及稽核賬目，這與成立於民國九年之廣東旅渝同鄉會之理監事制[45]大致相若，亦是民國初期同鄉會所採用者。

其時，蘇浙旅港同鄉會大力發展會務，經多年努力，於民國四十二年（一九五三年）創辦了蘇浙小學[46]。爲進一步拓展會務，管理積聚之財產及創辦蘇浙公學，向政府要求撥地與免息貸款，便須遵政府規定改組註册爲社團有限公司。

香港乃一法治社會，無論個人或團體均受法律保障，亦受法律之約束。所以任何個人或團體之一切行爲活動等，均須符合有關法則，否則乃屬違法而受懲治。在香港，要經營一間公司或商號等，無論其規模大小，均須遵政府公司註册處之法例，（參見本章第二節）向公司註册處註册，核准後方成爲合法公司商號，始可進行一切合法之商業活動。通常社團均屬非牟利性質，故可申請註册爲無股份資本保證有限公司[47]。公司核准註册後便成爲法律上之法人，可在不違反越權行爲原則的範圍內，擁有一個自然人的權力。可以擁有財產，進行交易，訂立合約，

---

[44] 見前註書，頁七八。

[45] 參見竇季良編著《同鄉組織之研究》，頁一一一。

[46] 參見《蘇浙校刊》（一九五五年），頁一一。

[47] 根據公司法例，無保證有限公司在公司無股本情況下，公司成員僅在該公司結業時，負責向公司出資，責任根據該公司註册大綱中列明之數額出資，以清償債務及清盤費用。而此類公司主要是從事非營利性質事業，如慈善團體等。參見李澤沛主編《香港法律概述》，頁九八。

僱用代理人及僱員，以及成爲另一家公司的股東或董事，其財產屬於該公司，並不歸其成員，亦不因其成員的改變而影響其繼續存在，公司的債權人只可以向公司而不能直接向其成員追討欠債，公司可以其名義控告別人或被控告，公司破產，其成員只負有限責任，公司活動受越權行爲原則所管轄，即一切財政收支運用等，均須按註册章則辦理，不得逾越，否則屬違法[48]。所以，一個社團註册成爲有限公司後方臻於健全。

蘇浙旅港同鄉會經十年的發展，財產累積（捐輸而來）需作多方面的投資，以鞏固財政基礎，配合會務拓展。如此一來，在財產之管理上就需有更完善的制度，以免發生流弊。況且，在大力拓展會務的同時，對外自然產生債務問題，所以亦有需要註册成爲社團有限公司。該會於民國四十二年（一九五三年）爲解決鄉僑子弟教育而創辦了蘇浙小學（附設幼稚園）。翌年，確定創辦蘇浙公學，預算需費一百二十五萬元[49]，並即時向港府申請撥地及免息貸款。經當局核示在北角撥地四萬六千呎爲地基，並免息貸款六十二萬五千元，惟須該會改組註册爲有限公司，負責處理其事。同年六月十九日，教育司函該會理事長徐季良，開具下列條件：

一、擬設之學校，必須非營利性質者。

二、校舍必須爲三層或四層之建築，樓下須有一室內運動場。

三、批准撥地後之一年內，必須動工。

四、關於請求借貸事，須提出擔保人姓名，保證(1)貸款須於貸款後一年起，分十年平均歸還。(2)整個建校計劃，如無政府協助，不能進行。(3)貸款後不再需要政府援助，即能完成全部計劃。

五、申請書最好由法人出面申請㊿。

在得到教育司支持下，徐季良覆函接納其條件。民國四十四年一月三十日，港府輔政司致函徐季良，答允免息貸款六十二萬五千元，亦附有下列條件：

一、貸款六十二萬五千元之支用總數，不得超過全部校舍建築費之百分之七十五。
二、學校須以非營利爲目的，其校舍內須具有幼稚園課室四間，小學課室十二間，中學課室十八間，中學部須有科學實驗室一間，美術室一間，家政科學室兩間，大講堂一間，圖書館大禮堂各一所。
三、新校舍開始一年後，每年應將經過會計師審查無誤之賬目送呈教育司。
四、須保證於完成校舍開辦學校時，不再需要政府津貼。
五、貸款於收到款項一年後，開始陸續於十年內平均償還清楚。
六、校舍詳圖計劃及分級組織，須先送陳教育司核定，並須即根據公司法改組爲有限公司，辦理學校，不以營利爲目的。於領款時須由徐理事長簽收外，並須具保，保證此項貸款之歸還(51)。

㊽ 參見港人協會編《香港法律十八講》，頁五六。
㊾ 參見《蘇浙校刊》(一九五五)，頁五。
㊿ 同前註。
(51) 同前註書，頁六。

該會函覆接受各條件，並於七月第九屆理監事會決議，改組註册爲社團有限公司。復經第十屆臨時會員大會通過註册章程，照章改組，並辦理註册。民國四十六年（一九五七年）二月二十日獲准並發給註册證書，（詳見本章第二節）成爲社團有限公司。

該會改組註册爲社團有限公司後，在組織行政方面，取銷原有之監事會外，其他各部門亦無多大變動，只增加部份特別部門而已。事實上，在未改組爲有限公司時，監事會之職責在於監督一切事務及稽核賬目；改組後，此監督稽核職責已無需設監事會去執行，因會務之一切運作均須遵照註册章程各項規定辦理，（詳見附錄三、四）不得逾越。並聘有會計師審核賬目，故無需設立監事會。其組織行政系統如下：

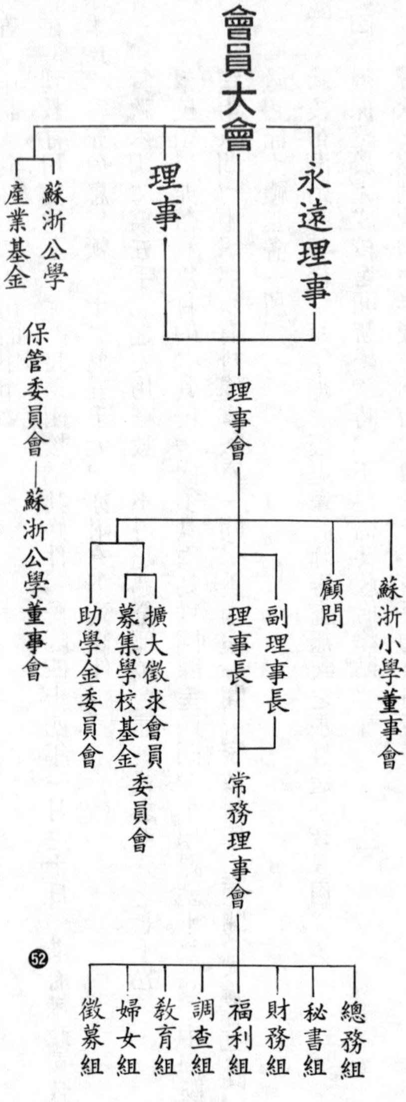

52

民國六十六年（一九七七年）八月廿五日，該會經第二十屆常年會員大會通過決議修改會章，將理事會改爲會董會。以永遠會董廿五人，會董六十五人合組而成的會董會，取代由永遠理事廿一人及理事廿四至四十人所組成之理事會，常務會董取代常務理事，其他各部門亦隨着會務之拓展而改變，在各種事業設立專責委員會，以便加強各事業之管理。而此等改變除經會員大會通過外，須經法律程序向公司註册處立案，核准後方爲合法，否則即屬違法。所以，該會註册爲社團有限公司後更符合法治精神。以該會民國七十六至七十八年第二十五屆會董及職務爲例：永遠榮譽會長徐季良，永遠名譽會長邵逸夫，名譽會長包玉剛、安子介等，顧問胡鴻烈、馬臨等，會長張楠昌，副會長周忠繼、史寶楚等，永遠會董方肇周、徐立夫、孫方中等，會董丁午壽、丁治傑、落謀彰等等，各部門主任委員亦分由各會董出任。（詳見附錄一）以下爲該會之組織行政系統表列：

---

52 見《蘇浙旅港同鄉會蘇浙公學蘇浙小學彙刊》（一九六一年），頁六。

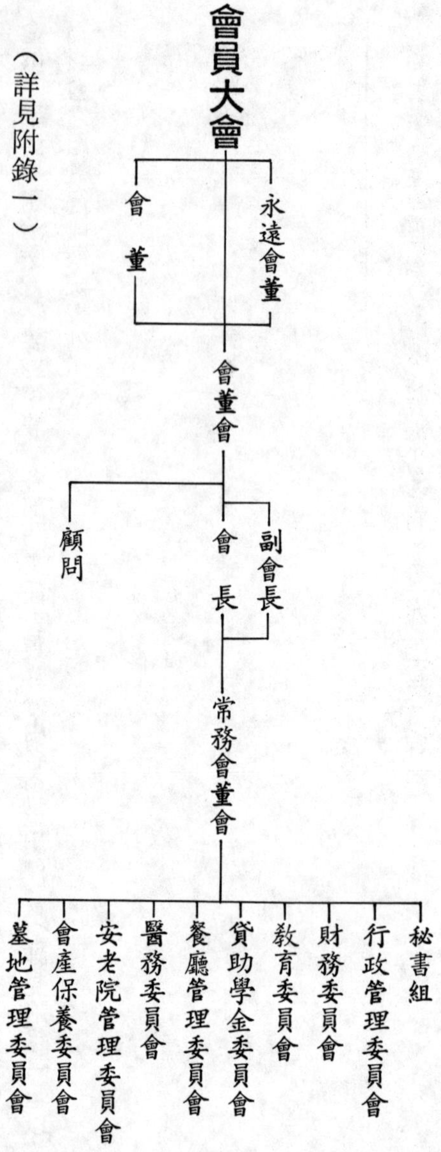
會員大會
永遠會董
會董
（詳見附錄一）
會董會
副會長
會長
顧問
常務會董會
秘書組
行政管理委員會
財務委員會
教育委員會
貸助學金委員會
餐廳管理委員會
醫務委員會
安老院管理委員會
會產保養委員會
墓地管理委員會

第四章　經費來源及管理

第一節　經費來源

四十餘年來，蘇浙旅港同鄉會除辦理救災恤貧及助學外，並創辦小學一所、中學三所、診療院一所、安老院兩所，由創立到維持日常運作，財政支出鉅大。僅以創辦蘇浙公學爲例：該會於民國四十四年（一九五五年）獲政府撥地四萬餘呎作建校之用，並貸款六十二萬五千元（詳見第三章第二節），其後貸款增至一百萬元，而該會亦需自行籌募一百萬元。該校全部工程及設備費共達二百萬元❶，於四十七年六月落成招生。由於該校辦理完善，學生成績理想。慕名而來者日衆，以致校舍不敷容納。該會於民國五十六年請准政府撥地七萬餘呎，與建新校舍。新校舍於民國五十八年落成，建築及設備費共七百餘萬元，除政府免息貸款二百六十餘萬元及津貼校舍建築費一百二十餘萬元外，該會仍需自行籌募三百餘萬元❷。可見該會鉅大的財

❶ 見《蘇浙旅港同鄉會會刊》（一九七二年），頁七。

❷ 同❶書，頁九六。

政支出，動輒以百萬元計。而其財政來源有三：一爲會費及基金之收入；二爲會員捐助；三爲投資所得。

(一) 會費及基金

會費及基金，乃爲加入該會之同鄉所必須繳納的款項。該會於民國三十五年註册爲合法社團之章程中，第二十九、三十及三十一條有如下規定：該會事業費及經常費，是以會員入會之基金、會費及募捐充之。個人會員入會時須捐納基金一次，捐額至少港幣五元。會員常年會費以年度爲限一次繳納，而會員分個人會員及工廠行號商店會員。個人會員常年會費分甲種十元及乙種五元❸，工廠行號商店會員常年會費亦分甲種一百元、乙種五十元及丙種二十五元。詳見附錄二）

其後，該會於民國四十六年註册爲社團有限公司，對於會費及基金之繳納有如下之規定：個人會員之入會基金至少五元；每年會費分甲種十元及乙種五元。工廠行號商店會員分甲乙丙三種，其入會基金及每年會費係甲種各一百元、乙種各五十元、丙種各二十五元。（詳見附錄四第三條乙丙兩項）基本上與民國三十五年成立之初所規定相同。

社會不斷進步，物價亦隨通貨膨脹而上升，該會之會費亦隨之增加。民國六十一年，該會修訂章程後，會費之繳納如下：

1. 基本會員（有選舉權與被選舉權）：會費二百元。
2. 普通會員（無選舉權與被選舉權）：會費十元。

3.工廠公司商行會員：會費一百元，年費一百元❹。

民國六十九年八月，該會經會員大會通過修改章程，准許非蘇浙籍人士申請加入該會爲會員，但其需在香港有正當職業。此種會員爲贊助會員，可享用該會餐廳等會員設施，但不能參加該會任何會議，亦無選舉權與被選舉權，入會費定爲一千元❺。此擧對該會會費之收入，及擴大其組織之影響力非常有利。況且，當該會要籌募經費時，贊助會員亦會有可觀數目之捐助，因贊助會員多與該會會董稔熟，或有生意上往來，有部分更是生意上之合夥人。

近年，該會會費大增，以民國七十八年計，加入該會爲會員，基本會員需繳納一萬二千元；而贊助會員亦需一萬元；行號會員同爲一萬二千元，年費全部均爲一百元❻。以現時一個政府文員之月薪介乎四千至七千元計❼，逾萬元的入會費，對一般受薪人士而言，實在難以負擔，所以，形成新加入者均爲社會中上階層人士。這些會員可稱爲富有會員，除入會費外，凡遇該會籌募款項時，多能解囊襄助，對該會財政有一定貢獻。但另一方面來說，一般收入之同鄉對高昂之入會費難以負擔，只能望門興嘆。使該會逐漸脫離普羅同鄉，步向少數人的會所，與往

❸　甲乙種會員繳費不同，其權利亦有分別：甲種會員有選擧權及被選擧權；而乙種會員則無此權利。
❹　見《蘇浙旅港同鄉會會刊》（一九七二年），頁一四四。
❺　香港政府公司註冊處檔案資料，檔案編號四六八三，章程修訂項。
❻　同前註。
❼　香港政府布政司署銓敍科資料。亦可見於香港各大報章政府招聘職位廣告。

昔只繳五元十元便可入會之廣泛性同鄉組織多少有點背離。況且，若任為該會會董會成員，更需繳納五、六千元之經常費及叙餐費❽，如此高昂之費用，普羅同鄉實在難以負擔。因此，該會名稱若改用其前身「蘇浙滬商人協會」似更為恰當。以本港數十萬蘇浙同鄉，加以該會有卓著聲譽，而會員人數却從往昔之二千餘人，減至現時僅得八百餘人❾，相信高昂之會費是其中一項重要的影響因素。

(二) 會員捐助

該會創辦學校、診療院、安老院，動輒以百萬元計，其日常運作，每年耗費尤大，加以每年貸助學金及救災恤貧等等支出不菲，會費之收入實不足以維持，所以，該會財政主要來源為會員之捐助。該會為鼓勵會員之捐輸，亦訂有獎勵辦法。如該會成立之初便有規定，凡熱心贊助該會之同鄉人士，不論其為會員或非會員，如一次捐款二百元以上者，公請其為永久會員；捐款五百元以上者，公請為名譽理事；捐款一千元以上者，公請為名譽顧問；捐款五千元以上者，公請為名譽理事長；由理事會議決執行。（詳見附錄二第十條）

又該會於一九五五年，為擴大徵求會員募集學校基金，訂有獎勵辦法如下：

一、本辦法為鼓勵熱心徵募隊長樂捐人士起見訂定。

二、凡熱心贊助本會之樂捐人士，其獎勵辦法如左：

1.捐款在港幣二百元以上者，公推為本會永久會員。

2.捐款在港幣五百元以上者，延聘為本會名譽理事，並以大名泐石。

3.捐款在港幣一千元以上者，延聘爲本會名譽顧問，並懸本人六寸磁像於會所禮堂永留紀念。

4.捐款在港幣五千元以上者，延聘爲本會名譽理事長，並懸本人十二寸磁像於會所禮堂永留紀念。

5.捐款在港幣一萬元以上者，延聘爲本會名譽理事長，懸本人十六寸磁像於會所禮堂，並以大名名其教室永留紀念。

6.捐款在港幣二萬元以上者，延聘爲本會名譽理事長及蘇浙公學名譽董事長，懸本人十八寸磁像於會所及課室，並以大名名其教室永留紀念。

7.捐款最高者，除聘爲本會名譽理事長，懸本人二十寸磁像於會所禮堂外，並以大名名其禮堂永留紀念。

三、本會徵募隊隊長徵募捐款成績優異者，得依下列辦法獎勵之：

1.冠軍：由本會奉贈銀鼎一座，並以本人十八寸磁像懸存會所禮堂留念。

2.亞軍：由本會奉贈銀盾一座，並以本人十六寸磁像懸存會所禮堂留念。

3.季軍：由本會奉贈銀杯一座，並以本人十二寸磁像懸存會所禮堂留念。

四、在徵募期間，徵求會員成績特優之冠、亞、季軍，其獎勵與前條同。

---

❽ 資料由該會秘書戴李秀霞提供，而會董之常年經常費及敍餐費每年不同，亦無須向公司註冊處備案。

❾ 該會資料。民國七十八年十二月筆者訪問該會副會長徐立夫時，由徐氏所提供。

在徵募期間，如徵得會員十人以上，其基金會費總額達到港幣五百元者，公推爲永久會員，以後免繳常年會費。

五、徵募隊隊長成績優良，除合於前條之規定者外，其經募捐款在港幣五千元至二萬元以上者，得照第二條四、五、六項獎勵之。

六、凡徵求會員所得基金會費及募得學校基金捐款成績優良者，並依下列辦法獎勵之：

1.總成績在港幣二千元以上者，由本會奉贈銀質紀念獎章一枚。

2.總成績在港幣五千元以上者，由本會奉贈金質紀念獎章一枚。

3.總成績在港幣一萬元以上者，由本會奉贈金質紀念獎章一枚外，並題額留念。

七、本辦法由本會理事會議通過施行之⑩。

該會之財政來源，主要係會員之捐助。民國三十八年七月二十一日至四十二年九月三十日，該會籌募建會創校基金時，便籌得二十八萬三千九百餘元⑪。又民國四十四年十二月十五日結算所得，該會籌募蘇浙公學建校基金之認捐款額達五十二萬四千九百餘元⑫。民國五十七年四月至六十一年一月，更籌得擴建蘇浙公學基金達三百餘萬元。該會會長徐季良更率先捐款一百萬元；而名譽會長邵逸夫爵士亦捐資五十萬元作圖書館設備用⑬。又民國七十一年九月落成之葵涌浙公學，建校費用高達二千萬元，亦係會員所捐助，而邵逸夫個人捐款達二百五十萬元⑭。又該會名譽會長王時新，於民國七十年捐資一百萬元，作該會慈德診療院設備用⑮。

以上僅略舉部分捐款數字而已，但已充分了解到，該會四十餘年來所籌得之捐款達數千萬元之鉅，均爲會員所捐助，係香港同鄉會中僅見。香港金融工商企業鉅子中，不乏蘇浙旅港同鄉會會員，其本着取諸社會用諸社會之精神，爲服務同鄉造福社會而慷慨捐輸，實在値得效法。

㈢投資所得

蘇浙旅港同鄉會既爲一社團有限公司，根據公司法規定，一切正當的投資均屬合法。投資就是將其部分資產適當地運用金融市場作證券買賣，或作房地產買賣，或經營各項合法事業等，以期賺取資財，增加其資產，作爲該會財政來源之一部分。該會在投資方面亦有其成功的一面，例如民國五十九年第十六屆理事會決議耗資八十萬元，成立蘇浙同鄉聯誼有限公司，購置皇后大道中振邦大廈十樓全層⑯，除部分用作該會辦公外，設餐廳供會員聚餐之用。當時乃集資墊款購買，至六十六年，全部墊款均已清還，蘇浙同鄉聯誼有限公司亦照章清盤，歸併於蘇浙旅港同鄉會，產業及餐廳業務亦歸該會所有。該餐廳盈餘可觀，民國七十三年度盈利高達一百二

---

⑩見《蘇浙校刊》（一九五五），頁七。
⑪見《蘇浙旅港同鄉會特刊》（一九五三），頁四五。
⑫見《蘇浙校刊》（一九五五），頁一五。
⑬見《蘇浙公學二十週年校慶特刊》，頁一八八。
⑭見《大成》（月刊）第一〇七期，頁四〇。
⑮見《大成》（月刊）第八十九期，頁四〇。
⑯見《蘇浙旅港同鄉會會刊》（一九七二年），頁六。

十餘萬元[17]，每年爲該會帶來一筆可觀收入。時至今日，餐廳更擴展至該大廈九樓及十一樓，在方便會員宴客聚餐之外，爲該會增加更多收入。又民國七十年，該會改建北角道十六號之慈德診療院，於七十三年落成，名爲蘇浙大廈，樓高十一層，建築及設備費共七百餘萬元。除地下及二、三樓作診療院用外，四至十一樓出售得款三百餘萬元[18]。

事實上，該會之投資是多方面的，而制訂投資策略的會董會成員，大多爲香港金融工商企業之佼佼者，對於投資事業，憑其豐富的投資經驗，當可爲該會獲取收益。

在經費來源方面而論，其會費之收入及會員之捐助，基本上與昔日之同鄉組織相若。以會費而論，凡加入同鄉組織者均需繳納會費，以當年廣東旅渝同鄉會爲例，其會章亦規定，會員每年應繳納常年會費國幣四元，士兵、學生、學徒二元[19]。而捐助方面，在有需要時進行募捐是一致的。但有不同之處，例如昔日之會館，除會員樂捐外，另有一文捐及月捐。一文捐即每日出錢一文故名；月捐只限於同鄉商店的夥計。上海的四明公所、徽甯公所、廣肇會館均有此例。大夥計每月出一二千金，小夥計每月出二、三百文[20]。除會費及捐助，昔日會館與同鄉會經費來源之另一方面是賦課金，或稱之「厘金」，即由同鄉商人抽取若干貨值，作爲會館經費之一部分[21]，此舉雖有其規定，但基本上仍屬捐助性質。在通過各種投資增加財政來源方面，相信是蘇浙旅港同鄉會及現今香港同鄉會之特色，亦係與往昔同鄉組織不同之處，充分反映出社會之發展進步。所以，香港大部分同鄉組織均註册爲社團有限公司，以適應社會發展之趨勢。

第二節　財政管理

一個健全的社團，必須有健全的組織制度，其中健全的財政制度更是不可缺少。有健全制度，方可防止一切舞弊的事情發生，才能取信於會員，取信於社會。昔日之會館或同鄉會，在財政管理上均有會章所規定，基本上是由會長或理監事負責，提支款項時均須有二人簽名蓋章方爲有效，款額稍大須由理監事會議決；收支月結及年結須向會員大會報告㉒。蘇浙旅港同鄉會成立之初，其財政管理方面，基本是沿用昔日制度，由理監事負責。（詳見附錄二）但此制度却比不上註册爲社團有限公司之健全，因社團有限公司之一切制度，均須依公司法規定制訂，受法律之監督與保障。該會在註册爲社團有限公司後，對該會財政管理有如下之規定：該會款項須存入由理事會指定之銀行，所有賬目，須準備隨時供給該會會員查核。支票支付，必須該會理事長或任何一位副理事長簽署，並由該會財務主任或副主任附署，方爲有效。該會賬目需

⑰ 見《大成》（月刊）第一三一期，頁四一。
⑱ 見《大成》（月刊）第一三七期，頁四〇。
⑲ 見竇季良著《同鄉組織之研究》，頁一一二。
⑳ 參見全漢昇著《中國行會制度史》，頁一〇九。
㉑ 參見全漢昇著《中國行會制度史》，頁一〇九－一一二，及竇季良著《同鄉組織之研究》，頁二六。
㉒ 參見竇季良著《同鄉組織之研究》，頁一一二。

經理事會審核，年終須將資產負債表送由該會聘定之核數師審核後，再送會員大會審查。任何款項超過五百元，需存入銀行，倘理事會認爲必要時，可將款項作有利之投資，投資賬目須詳細紀錄於賬册中。向外投資時，如已事先詳加評估，但仍有虧損，不須負責。該會所有收入與支出，以及資產與負債，均需於紀錄簿中詳細載明。該會每一小組或部門均有其獨立賬册，以便記載明確，利於審核。該會賬册需存於會所，俾隨時提供任何理事查閱。除法律規定及理事會或會員大會授權外，准該會會員查閱紀錄及賬册。該會資產負債表，包括法律規定之附表，以及核數師報告書，需於會員大會二十一日前製就分發會員，並須依公司法例第一三一至一三三節之規定，聘定核數師[23]。

由於該會於民國六十六年修訂會章，改理事會爲會董會，所以，以上所指之理事會及理事長，亦改稱爲會董會及會長，財務主任亦由常務會董出任。其財務組（後改稱委員會）的職責亦詳細訂明，包括公款及印章支票之保管、現金出納、賬務記載、支票及收據之會簽、預算及決算之編製，負責公司法例中司庫應辦之一切事宜。而其日常事務亦須按照規定處理，其規定如下：

1.收據：收入款項均應發給正式收據，並用本會圖章及理事長財務主任簽名或蓋章，並留存根備查。

2.支款：支付款項須由有關部分簽具支付單及其附屬單據向財務組支取，向銀行支款須用本會圖章，並由正副理事長四人中之一人及財務組二人中之一人簽名蓋章。

3.存款：每日收入款項須存入銀行，其當日不及存入者，得於次日存入之。

4.記賬：記賬以港幣爲單位，如有他種幣制收支，悉依當日行市折合之，賬簿用日記賬與分戶賬二種，依預算科目記載之，每月結算一次，預算科目另訂之。

5.報告：每月編製收支報告理事會，年終編製年報於會員大會中公佈之㉔。

另外，該會所辦之四所學校，由於結賬期與該會不同，及中學方面有政府津貼收入，因此，每所學校設有獨立之會計制度。每年亦有該會總會計編製賬目及查賬員審核後，呈報教育司署備案。而該會每年度賬目，亦須經會計師審核後呈報公司註册處備案。

以上爲該會財政管理之概況，其整個運作均依據公司法制定。每月賬目有理事會審核，並供會員查閱，每年賬目聘有會計師審核，並呈報公司註册處備案。既有來自本會之監管，亦有專業會計師審核，更有公司註册處之監督。此種財政管理制度，比該會成立之初及昔日同鄉會之理監事負責，或會館時代以會首主理之制度而論，實在健全得多，因其一切以法律爲依據，實在相當完善。況且，基本上與香港註册之公司會計制度是一致的。以下附表一、二爲該會民國五十九年（一九七〇年）之資產負債、收支及診療所之賬目。

㉓ 參見《蘇浙旅港同鄉會會刊》（一九七二年），頁一五〇。

㉔ 見《蘇浙校刊》（一九五五），頁三六。

蘇浙旅港同鄉會

資產負債表

一九七〇年十二月三十一日

負債		資產	
科目	金額	科目	金額
會所基金	$ 182,868.52	醫療器具、設備	$ 117,328.97
創校基金	13,000.00	傢俱、裝修	70.886.94
診療所基金	268,474.37	現　金	3,507.45
應付賬款	4,078.80	銀行存款	47,726.78
暫收款	169,501.29	借　款	200,000.00
		暫付款	27,380.60
		按　金	1,619.00
		承上期不敷$91,523.44	
	$ 637,922.98	加本期不敷$77,949.80	169,473.24
	$ 637,922.98		$ 637,922.98

收支表

一九七〇年一月一日至十二月三十一日

支出		收入	
科目	借方金額	科目	貸方金額
損失由診療所轉下	$ 57,709.75	入會基金	$ 10,000.00
職員薪金	22,113.40	會　費	5,045.00
車船費	179.60	利息收入	1,861.81
交際費	11,469.10	會所出售溢餘$13,621.91	
廣告費	4,645.65	律師費　1,911.00	11,710.91
差　餉	496.40	本期不敷	77,949.80
電燈、電話	6.37		
文具、印刷	1,524.80		
救濟金	2,735.00		
郵票印花	972.85		
大廈管理費	151.80		
聖約翰救傷隊費用	600.00		
雜　費	3,962.80		
	$ 106,567.52		$ 106,567.52

（附表一）資料來源：影自《蘇浙旅港同鄉會會刊》（一九七二年）頁一〇〇。

蘇浙旅港同鄉會

診療所損益表

一九七〇年一月一日至十二月三十一日

支出		收入	
科目	借方金額	科目	貸方金額
醫療藥品	$ 49,455.75	門診收入	$ 144,935.20
醫師、護士薪金	129,430.00	利息收入	2,454.57
文具、印刷	1,892.80	損失轉往收支表	57,709.75
清潔費	2,338.60		
石油氣	135.60		
保險費	972.27		
郵票、印花	67.00		
電燈、電話	3,265.95		
車船費	167.50		
營業登記費	30.00		
X光機及牙科設備	14,671.00		
雜　項	2,673.05		
	$ 205,099.52		$ 205,099.52

理事長：徐季良　　　　財務主任：陳潤源

查　賬　報　告　書

查本會計師已將蘇浙旅港同鄉會一九七〇年十二月三十一日之資產負債賬目審查完竣核對與賬簿所載相符、上列資產負債表依本會計師之意見足以表示該會在上開日期之財政狀況此告。

會計師：陳普芬

一九七一年三月二十八日

（附表二）資料來源：影自《蘇浙旅港同鄉會會刊》（一九七二年）頁一〇四。

第五章 對香港之貢獻

同鄉會組織之宗旨與功能，是基於組織本身之需要。而其宗旨與功能，亦是隨着社會之發展而演進，將組織本身之需要與社會之需要相結合。蘇浙旅港同鄉會鑑於四十年代初期香港淪陷於日本手中，旅港蘇浙同鄉處境艱困，亟需救助的情況下，爲解救同鄉之艱困，互助互利造福同鄉而創立。隨着社會之演進，該會經四十餘年的發展，其功能亦不再侷限於同鄉間之互助互利等本身之需要，而是擴而充之，爲社會盡力。香港有今日之繁榮進步，無論在經濟民生、社會福利及教育文化等方面，該會均貢獻良多。金耀基在《中國人的三個政治》中論及香港時亦指出：

> 論者皆知從中國，特別是上海來的企業家對香港的經濟有奠基與開路的作用，殊不知從大陸各地南來的學者與文化人對香港過去二十年的文化轉型也有長遠性的貢獻❶。

上述金教授所說的上海來的企業家，大都屬江浙人，而基本上都是蘇浙旅港同鄉會成員，可見該會同人對香港之貢獻。

---

❶ 見金耀基著《中國人的三個政治》，頁九三，臺北經濟與生活出版事業股份有限公司出版，一九八八年一月二十日版。

第一節　政治活動

同鄉會組織係以鄉親觀念爲基礎而組成之地緣性組織，並以互助互利造福同鄉爲宗旨，故同鄉會組織基本上是屬於慈善性質的地緣性組織，並非政治團體，所以通常不參與政治活動。從往昔之會館到今日之同鄉會組織之章程及有關資料中，切以敦睦鄉誼、團結互助爲最基本之宗旨，可以說明。惟同鄉組織雖未參與政治活動，但對於一些社會活動却積極參與，如抗戰期間，渝市各同鄉會均以戰時救濟爲其事業重心，積極參與難胞收容救濟、難區急賑、僑胞救濟、慰勞獻金、空襲救濟以及戰時地方行政之策進等社會活動❷。雖然此等活動部分帶有政治意味，但實在主要係有利於國家民族。

在香港，同鄉會組織均屬於慈善團體，並非政治團體，但亦如香港之工會組織有左右派之分❸。在香港逾二百個同鄉會組織中，絕大部分是接近臺北國民政府，只小部分傾向北京政權，而蘇浙旅港同鄉會乃屬前者。雖然該會一向表示本身無政治立場，但從該會每年均派團參加臺北之雙十國慶活動❹，並在臺北與臺北市浙江同鄉會合作闢建花園公墓❺等，可得證明。該會除參與雙十國慶此帶有政治成分之活動外，對其他政治活動均摒諸門外。但該會對於部分社會活動，却均積極參與。如於民國六十三年（一九七四年）至六十四年（一九七五年）間，曾先後以該會名義支持香港公民協會發起之嚴格執行死刑的簽名運動❻；反對電話公司無理加價❼；支持香港中華廠商聯合會要求政府撥地建立永久工業展覽會的建議❽；又響應僑港中國醫科畢業同學會、社團診所主診人聯合會及各街坊福利會等，三十餘社團聯合呈請政府，要求改善香港醫療福利辦法，與反對政府預收利得稅之稅務修訂法例❾。在七十年代初期之香港中文法定

---

❷ 參見竇季良《同鄉組織之研究》，頁九六—一〇一。

❸ 香港工會組織有左右派之分，主要取決於工會本身背景及政治傾向等因素，傾向於中共政權者統稱為左派工會，如港九勞工社團聯會及其屬會均是；而傾向中華民國者統稱為友派工會，如港九工團聯合總會及其屬會均是。

❹ 參見《大成》月刊第二四、三六、四八、六〇、七二……各期，頁三九—四二。

❺ 參見《大成》月刊第四十七期，頁四〇及第九十期，頁四〇—四一。

❻ 香港的刑法無論從形式到內容，主要受英國法律的深刻影響。鑒於英國已廢除死刑，同時出於政治考慮，近幾十年來，香港對判處死刑的，均不予執行或不得不給予減刑，以致治安日壞。市民對此頗多微詞。民國六十四年初，該會第十八屆十九次理事會議決，大力支持香港公民協會發起之恢復執行死刑簽名運動，結果該會及所屬機構有逾四千人簽名響應。此運動雖得廣大市民響應，惟時至今日仍無恢復執行死刑，以至時有個人或團體呼籲執行死刑，以遏阻罪案日益嚴重之擧。參見李澤沛主編《香港法律概述》頁三七—四一。及《大成》月刊第十六期，頁四一。

❼ 民國六十四年初，該會有見於香港經濟不景，而電話公司却宣佈加價百分之七十，表示反對，並促請政府對電話公司無理申請加價予以拒絕批准，結果政府批准加價百分之三十。參見《大成》月刊第十五及十七期，頁四一。

❽ 該會於民國六十四年初發表聲明，呼籲政府重視香港整體利益，接納中華廠商聯合會建議，撥地建立永久工業展覽會。參見《大成》月刊第十七期，頁四一。

❾ 參見《大成》月刊第十五期，頁四〇—四一。

運動中，更是積極響應與參與，使中文成爲香港法定語文⑩。該會參與上述各項社會活動，均以市民利益爲依歸，亦符合其促進本港居民福利之宗旨。

第二節 經濟與社會

蘇浙旅港同鄉會乃一社團組織，表面上與香港經濟無甚關係，但其辦學三十餘年來，所培養出各方面的人材，爲香港經濟發展作出之貢獻是可以肯定的。另一方面，該會之會董會成員，十之八九均爲工商鉅子，而會員中不少係事業成功者，其團結於該會，爲香港經濟發展作出貢獻。論及香港經濟發展，首先應數紡織業。

四十年代初期，香港紡織業甚落後，並無具規模之紗廠，而布廠亦均因陋就簡，資金短絀，設備簡單，生產數量有限，本港自給還嫌不足，遑論出口。四十年代中期至五十年代初期，經營紡織業之蘇浙人士，鑑於中國政局動盪，遂將資金及生產設備轉移來港，創設頗具規模之紡織廠，如大南紗廠、香港紗廠、偉倫紗廠、南海紗廠、九龍紗廠、南洋紗廠、南豐紗廠及東南紡織廠，如大南紗廠、香港紗廠、偉倫紗廠、南海紗廠、九龍紗廠、南洋紗廠、南豐紗廠及東南紗廠等⑪。經二十餘年之發展、壯大，成爲香港最大的出口業。以民國五十七年爲例，各項紡織品出口額佔本港出口總值百分之四十九，價值逾四十億港元⑫；而所僱用員工達十萬六千餘人⑬。紗錠從民國三十六年之六千錠，增至五十七年之七十八萬餘錠，布機亦從二千六百台增至二萬三千餘台，棉紗及棉布產量於五十七年分別是六億六千五百萬磅及七億九千萬方碼⑭。

當然，在香港經營紡織業者除蘇浙人士外，還有其他省籍人士，但蘇浙籍者佔絕大多數則是可以確定的。以民國七十八年十二月香港棉織業同業公會選出之新一屆主席卞熊清、副主席方超、司庫倪鐵城、及名譽會長周忠繼、方肇周、張楠昌、雷康侯等，全屬蘇浙人，亦是蘇浙旅港同鄉會成員。又如王統元之香港紗廠，張楠昌之大綸紡織有限公司、國際紡織有限公司、南華紡織有限公司，唐翔千之中南紡織有限公司、怡生紡織有限公司、海外紡織有限公司、亞洲紡織

---

⑩ 香港百餘年來是英國殖民地，政府行文全以英文爲主，英文成爲香港法定語文。但據民國五十五年政府統計報告，香港市民日常運用英語者，祇得百分之一點三，而運用華語者則高達百分之九十八以上，所以，在六十年代初，蘇浙旅港同鄉會常務理事，市政局議員胡鴻烈大律師，以及部分社團領袖，教育界人士早已提出中文法定的要求。民國五十九年，該會常務理事，市政局議員黃夢花以其創立之中文教育促進會，重新展開中文法定運動，並於六月召開了香港各界促成中文爲法定語文聯合工作委員會的第一次會議。該會理事長徐季良首先響應，並爲聯委會發起人及常務委員之一。黃夢花之中促會則任爲主席。其後該聯會定名爲爭取中文爲法定語文運動聯會，積極展開工作，並發起簽名運動，至七一年一月十七日，共獲簽名逾三十三萬個，並由黃氏親自携往英國送交首相府。此一運動受廣大市民支持，香港政府只好順應民意，逐步使中文成爲法定語文。參見《蘇浙旅港同鄉會會刊》（一九七二年），頁一二六—一二八。

⑪ 參見《蘇浙旅港同鄉會會刊》（一九七二年），頁一二二。

⑫ 見前註書，頁一二二及莊重文《香港工業之成長》頁五三，香港三聯書店，一九八六年版。民國五十七年（一九六八年）香港出口總值是八十四億二千八百萬港元。

⑬ 見莊重文《香港工業之成長》，頁六八。

⑭ 見《蘇浙旅港同鄉會會刊》（一九七二年），頁一二二—一二三。

有限公司、天山紡織有限公司，唐星海之南海紗廠、卞熊清之大成紡織有限公司，方肇周之聯泰紗廠、肇豐紡織有限公司，李震之之聯業紡織有限公司、大東紡織有限公司、金星紡織有限公司，陳廷驊之南豐紡織有限公司，陳元鉅之大興紡織有限公司，劉漢棟之東南紡織有限公司等等，不勝枚舉，均爲該同鄉會成員，既執香港紡織業牛耳，亦爲香港經濟發展作出貢獻。

航運乃世界貿易中重要一環，而香港既有天然良港，亦是經濟貿易中心，香港航運更是享譽世界，其中最著者有蘇浙旅港同鄉會名譽會長包玉剛、名譽理事長董浩雲及趙從衍。茲分述如下：

㈠世界船王包玉剛：包玉剛係蘇浙旅港同鄉會名譽會長，浙江寧波人。民國三十八年春，包氏拋棄其原有基業，携眷離滬來港。初營進出口業，後改營航運業。於民國四十四年航運業不景氣時，以七十七萬美元購入一艘八千二百噸之燃煤舊船，命名爲金安號，並將其租與日本航運公司[15]。包氏便以此舊貨輪開拓其璀燦之航運事業。其後，包氏利用所得利潤增購船隻，至民國四十六年已擁有七艘輪船，並成立環球航運公司，業務猛進。民國四十九年，包氏利用日本優惠造船扶植政策[16]，並獲滙豐銀行支持，有計劃地訂購新船，使其航運事業進一步擴展。民國五十六年以後，因中東石油運輸之需要，包氏將四艘油輪租與美國ESSO石油公司，由於合作愉快，信譽日隆，從此躋身國際航運界。

七十年代初期，西方經濟急促發展，石油價廉，在滙豐銀行及日本財團提供信貸下，使包氏航運事業突飛猛進。民國六十七年，包氏之環球航運集團已擁有一百七十餘艘油輪及貨船，總噸位一千八百萬噸，其後更增至二百艘二千萬噸，成爲世界上擁有船隻噸位最多的船王[17]。

民國六十九年，包氏將投資重點移向陸上，不斷將旗下船隻出售。首先收購九龍倉⑱，其後於民國七十四年以三億二千萬美元取得會德豐的控制權⑲。同年十一月，包氏與其蘇浙旅港同鄉會名譽理事曹光彪等創立華資港龍航空公司。雖然包氏大力投資於倉庫、港灣、證券、地產、保險、零售、電子、機械、電訊及航空等事業，但其環球航運集團仍繼續其航運事業。據該集團主席蘇海文於民國七十九年（一九九〇年）二月初表示，環球航運現有七十多艘船隻，總排水量達一千萬噸⑳。

包氏在經營其龐大事業之餘，未忘取諸社會用諸社會。除對香港之慈善教育事業大力捐輸

---

⑮ 參見《大成》月刊第四十五期，頁三七。

⑯ 由於當時日本航運公司正處於資金不足狀況，而造船業船隻數目却一直在增加中，造船業便轉向出口至上主義，廉價、及優惠貸款爲外國造船，以求維繫造船業。包玉剛在日本航運公司及造船業間，發揮其「外國船東」角色的最大效用，先與日本航運公司簽訂長期租船契約，然後利用優惠貸款條件向日本造船廠訂造新船。參見井上隆一郎編著，吳國禎譯《亞洲大亨》，經濟出版社，頁一〇四。

⑰ Robin Hutcheon, *Hutcheom, First Sea Lord - The Life and Work of Sir Y. K. Pao*, p. 81, The Big Recession, and p. 71, Thirty Ships a Year, The Chinese University Press, 1990。

⑱ 九龍倉原屬英資怡和集團的一公司，創立於一八八六年，其事業範圍非常廣泛，由於經營不善，利益減少，惟有出售資產以求彌補，以四億三千萬美元讓與包氏集團。之前，包氏與其他公司曾有激烈之爭購戰。參見井上隆一郎編著，吳國禎譯之《亞洲大亨》，頁一〇六及《星島日報》〈投資周刊〉一九八九年五月二九日版。

⑲ 井上隆一郎著，吳國禎譯《亞洲大亨》，頁一〇六。

⑳ 參見民國七十九年二月三日《星島日報》。蘇海文爲包氏女婿，負責管理環球航運集團。

外，自己身爲名譽會長，對該會捐助亦不遺餘力，惠及同鄉，更惠及故鄉。曾捐巨款與香港大學、中文大學、藝術中心等機構。該會屬校蘇浙公學擴建時，包氏慨捐一百萬元㉑。並且捐資故鄉浙江寧波建學校、築公路等㉒。民國六十七年，包氏獲英女皇伊莉沙白二世封爲爵士，以表彰包氏對社會之貢獻。從歐美各國授於包氏之勳章、獎章，以及其各種職銜中㉓，可見包氏對香港及世界航運業之貢獻。維也納信使報曾專題報導，向讀者介紹這位身爲蘇浙旅港同鄉會名譽會長之包玉剛：

在香港，有一位世界最大的船王。希臘人斯塔佛洛斯・尼亞科斯，或者著名的歐納西斯家族，都不是擁有最多船隻或排水量的人，而是現年六十二歲的包玉剛爵士。他才是真正的船王。兩百多艘商船，總計兩千萬噸登記的排水量，在他的旗下航行於世界海洋之上。他的商船隊，大約超過今天蘇聯所有的商船總數。而且包玉剛的商船隊還不斷在增長中㉔。

㈡ 世界最大個人船東董浩雲：董浩雲係蘇浙旅港同鄉會名譽理事長，與包玉剛同鄉，亦爲寧波人。董氏擁有一百四十艘船隻，總噸位達一千一百萬噸，被《紐約時報》譽爲「世界最大個人船東」，也有人稱之爲「中國的歐納西斯」㉕。

董氏年輕時已投身航運業，民國三十年，在香港註册成立中國航運信託公司，經營中國沿海及東南亞航運業。太平洋戰爭爆發，香港淪陷，航運公司被日軍接收，使董氏所創立之航運事業化爲烏有。抗戰勝利後，董氏在上海設立中國航運公司，繼續其航運生涯。民國三十六年，董氏派出天龍及平通兩輪首航法國及美國舊金山，將中國的航運帶向世界舞臺上㉖。

民國三十八年，董氏將航運業撤至香港，由於資金短絀，陷入困境。民國三十九年韓戰爆發，海運大興，給董氏帶來生機，渡過難關，步入坦途，並開創其航運王國。

六十年代初，越戰爆發。美國利用董氏船隊運輸軍需品，更將十二艘貨輪半價售與董氏。而西德亦將一批萬噸級船隻廉讓，使董氏之航運事業得到廣泛發展。

七十年代中，董氏除購進部分廉價油輪外，又訂造新船，旗下一艘ULCC(即超巨型)油輪海上巨人號下水，載重達五十六萬三千噸，成爲董氏集團最大的油輪，亦是世界上最大船舶。另一艘香港貨櫃，可載二千呎貨櫃一千零三十四個，使董氏的金山集團成爲世界貨櫃船隊主力㉗。

董氏身爲蘇浙旅港同鄉會名譽理事長，向來重視教育，對該會創辦學校大力支技。民國四十四年該會籌募蘇浙公學建校基金時，董氏募捐二萬元響應㉘。民國六十一年，董氏創辦海上學府，惜在改裝郵輪伊莉沙白皇后號工程時焚毀。後購入大西洋號郵輪，改裝後命名爲宇宙學府。課程與美國科羅拉多州立大學聯合主辦，董氏爲校董會主席。每學期均有逾五百名來自各

㉑參見《大成》月刊第四十五及五十九期，頁三七—四二及頁四〇—四二。

㉒參見汪衞興、倪列然著《世界船王包玉剛》，頁一八二—一八九。湖南文藝出版社，一九八八年七月版。

㉓參見前註書頁三—四。

㉔同前註。

㉕見陳嘉欣著《億萬富豪傳奇》，頁一九八，自立晚報社，民國七十一年十月版。

㉖同前註書，頁二〇〇。

㉗參見《香港富豪秘史》第六輯，科華圖書出版公司，頁二三—二四。

㉘見《蘇浙校刊》(一九五五年)，頁一五。

地的學生修習大學文理各科，並可隨船到世界各地訪問。董氏創辦該學府，旨在為教育作出貢獻，並非以營利為目的，在燃料長價時，虧融更大，據董氏稱：「每年的虧損可能增至三十五萬美元。」㉙可見董浩雲不僅是航運家，亦是教育家。董氏不幸於民國七十一年四月十五日凌晨心臟病發去世，享年七十一歲。

㈢ 航運大亨趙從衍：趙從衍係蘇浙旅港同鄉會名譽理事長，江蘇無錫人。年輕時以法學系高材生畢業於上海東吳大學，並執業律師三年。民國二十九年，抗日戰爭期間，汪精衞在日軍支持下成立了傀儡政府。趙氏有感在動亂社會中容易被捲入政治漩渦，於是離開律師業，從事進出口生意。

戰後，適逢航運業蓬勃，趙氏購入貨輪維多利亞之星，開始從事航運事業。民國三十七年冬，共軍南下進迫上海，趙氏便遣妻子及女兒乘飛機來港，而自己則與幾個兒子，乘搭維多利亞之星離滬到港。到港後，趙氏就憑維多利亞之星繼續其航運事業。趙氏將所得盈餘積蓄起來添購船隻，添購之船隻大多為廉價舊船，需經常修理方能行駛，因此，趙氏聘用具修理船隻技術之船員，令船隻不斷運行。民國三十九年，韓戰爆發，亞洲航運需求甚殷，董氏之華光航業亦得以進一步發展。華光航業主要由貨輪及油輪組成，長期租與日本公司。趙氏以穩健作風經營航運，並將部分盈利投資地產業，成立華光地產。

民國六十一年至六十二年，香港出現股市狂潮。趙氏之華光航業及華光地產，在股市高潮時上市，在股市中吸納資金，償還購新船之欠債，減輕利息負擔。華光航業上市時祇有八艘船，約十九萬載重噸。此後，更不斷訂購新船。民國六十三年夏，更合併了新世紀航業，使船隻噸位突破一百萬噸大關㉚。民國六十四年，華光航業已擁有二十九艘船隻，載重噸位增加四倍㉛其後，趙氏將其事業全部交與下一代管理，自己退居幕後。

趙氏棄法從商，由一艘舊船起家，創立其事業王國，繼包玉剛、董浩雲之後，成爲航運大亨，對航運業貢獻良多。

上述三位航運業鉅子，均爲蘇浙旅港同鄉會之名譽會長及名譽理事長，彼等不僅創立自己的事業王國，亦爲本港及世界航運業與經濟發展作出巨大貢獻。

香港建築業中，蘇浙旅港同鄉會會長葉庚年之新昌營造廠及該會副會長車炳榮之保華建築有限公司，均爲本港建築業之佼佼者。在學校建築方面有蘇浙公學、新亞書院、浸會書院等，醫院方面有廣華醫院、聯合基督教醫院等，商業大廈有啓德機場大廈、香港大酒店、喜來登酒店、世界貿易中心、海洋公園等，均爲新昌營造廠所承建㉜。而保華建築有限公司承造之主要工程，有荔枝角天橋、九龍城天橋、軍器廠街天橋、海底隧道及地下鐵路部分工程㉝。今日，在港九及新界都可以見到上述兩建築業鉅子所承建的建築物。其不僅爲該會擔任要職，爲會務輸財出力，亦爲本港之建設及繁榮作出應有貢獻。

㉙ 見㉗書，頁二五。
㉚ 參見陳嘉欣著《億萬富豪傳奇》，頁一五八。
㉛ 見科華公司編印《香港富豪秘史》（第七輯），頁六。
㉜ 參見《大成》月刊，第四十四期，頁四一。
㉝ 參見《大成》月刊，第四十期，頁四二。

其他如該會名譽會長王時新創辦大新銀行，名譽理事長陳光甫創辦上海商業銀行，及名譽理事長張梵龍創辦浙江第一商業銀行等，都爲香港金融業作出貢獻。

蘇浙旅港同鄉會會員在香港工商各業中之精英者，不勝枚擧。以上所述，僅爲其中較著之一部分而已，無論在公在私，該會同人爲香港經濟發展及社會繁榮所作貢獻，是有目共睹的。其於四十年代後期至五十年代初，將資金與技術帶來香港，對香港經濟之開拓，實有助於今日之繁榮進步。

在服務社會方面，該會向以服務桑梓、造福社會爲目標，擧凡救災恤貧等社會慈善事業，該會均盡其力，對社會貢獻良多。

該會成立之初，正是香港淪陷之時，該會便先後遣送難胞五千餘人安返家園。（詳見第三章第二節）

民國四十年，九龍東部邨火災，該會除撥賑棉衣一百件外，代募善款三百餘元，搪瓷水杯三百隻及舊衣物一批㉞。民國四十二年，石硤尾六村大火，受災者衆，該會撥助棉衣五十件，並代募集搪瓷器皿等四萬六千餘件，共値三萬餘元㉟。同年，九龍塘村木屋區、李鄭屋村及天后廟道東大火災，該會代募捐助各物共値八千餘元之日用品，舊衣物五百五十件，現款二百元以救濟㊱。

民國三十六年，該會會長徐季良膺選爲東華三院主席。此時適值廣東潦水爲災，徐氏奔走擘劃，募捐港幣二百萬元，以工代賑，築堰修堤，使劫後災民得以迅速恢復，樂業安居㊲。

該會每遇冬寒，均時向需要者贈送棉衣。民國三十七年至四十二年，合共贈送寒衣一千六百七十六件㊳。

該會在救災恤貧外，對醫療服務及老人服務方面亦不遺餘力。就醫療服務方面言，民國五十一年十月，該會將會所從中環太子行遷至北角英皇道五洲大廈十四樓自置會所後，即撥出部分地方附設診療所。其設立實因有感政府醫療服務，不足以應付貧苦大衆之需求使然。設立之初，聘醫師一人駐診，主持診務，護士一人負責日常工作，不分畛域爲市民服務。在非營利的原則下，醫藥費僅收三元。六年間，應診人數與日俱增，若非擴充診療所，不足以應社會之需要，於是該會力謀擴充。時該會名譽會長、大新銀行董事長王時新慨捐二十萬元以響應㊴。隨後，並得該會理事徐鉅亨又慨捐十四萬元，及各理事大力捐輸響應㊵。

民國五十八年，該會購置皇后大道中振邦大廈頂樓爲會所，九月遷入。同年十一月，五洲大廈之診療所亦遷至北角道十六號地下，佔地二千餘呎，擴充爲市民服務，並改稱爲慈德診療院。同時，該會亦擴大組織，增設醫務組，推常務理事陳潤源爲主任。擴充後之診療院，設有全科、牙科、眼科、耳鼻喉科及X光科。每科均有註册醫生主診，有經驗之護士配合工作，使服務水準大爲提高。自民國五十八年十一月成立起，至七十三年四月十七日止，診病證編號人

㉞ 參見《蘇浙校刊》（一九五五年），頁一一。
㉟ 同前註。
㊱ 同前註。
㊲ 參見《大成》月刊第七期，頁四〇。
㊳ 同㉞。
㊴ 見《大成》月刊第一一三期，頁四〇。
㊵ 見《大成》月刊第五期，頁四一。

數達五萬六千九百九十九人㊶。假若每人平均診治十次，合共五十六萬九千九百九十人次，每年平均近四萬人次，每日平均逾一百人次。

民國六十六年十二月二十三日，該會向政府田土廳申請改建慈德診療院，並與田土廳註册署簽署合約。六十九年二月二十七日，經該會第二十一屆第五次會董會議決，就原有北角道十六號院址擴建爲十一層大廈。改建期間，該會耗資八十七萬元，購置英皇道三五七號七樓A、B兩座，作臨時診療院之用㊷，繼續爲市民服務。（參見附圖四）

民國七十四年初，新廈落成，並名爲蘇浙大廈。慈德診療院佔用地下至三樓，總面積八千餘方呎。地下以全科爲主，設掛號處、藥房、全科門診室、治療室、會議室，設置心電圖機及冷凍治療機等設備。一樓設有化驗室及X光室，內置最新式之分光比光計、自動白血球設數計、全射電視X光機等。二樓爲物理治療及五官科，均設置最新穎之醫療器械。三樓爲牙科專用，亦置有各種先進牙科治療器材。慈德診療院之改建，連設備費在內，共耗費七百餘萬元，亦得該會會董、大新銀行董事長王守業秉承其父（王時新）遺志，捐助港幣一百萬元㊸。診療院亦增聘醫護人員，提高醫療水準，非營利地爲市民服務，以補政府在醫療服務之不足。

就老人服務方面言，《孟子》〈梁惠王篇〉云：「老吾老以及人之老，幼吾幼以及人之幼。」幼幼工作，隨着社會的進步及教育發展，已普遍而著有成績，如托兒所、幼稚園等幼兒服務及教育已非常普遍，由小學一年級起，政府更提供九年免費教育㊹。而老老工作方面就相形見絀。近世醫藥昌明，人類壽命延長，在香港據民國七十六年初統計，六十五歲以上的老人有四十三萬四千餘人，約佔香港人口百分之八㊺。據此，每十二個人中，就有一個六十五歲以上的老人，而且比例肯定逐年上升。雖然，近年來老人問題受到社會關注，設立不少老人院、護理安老院及老人宿舍等，使不少老人獲適當照顧，但僧多粥少，距實際需要仍遠。蘇浙旅港同鄉會有鑑於安老服務殷切需要，於民國七十三年第廿三屆第五次會董會通過創辦安老院之決議，向服務社會事業跨進一步。（參見附圖五、六、七）

(一) 屯門安老院

民國七十三年四月，該會向社會福利署申請屯門蝴蝶邨蝶心樓兩層面積二千餘平方米作院址，開辦安老院，獲社會福利署批准，租金每月二萬三千餘元㊻。而安老院之裝修設備費共三百餘萬元，均由該會會董及熱心同鄉捐輸，並於七十四年二月投入服務㊼。該院設有一百九十二個床位，可入住六十歲以上男性八十人及女性一百一十二人，而八成床位由社會福利署安排

㊶ 見《大成》月刊第一二六期，頁四一。

㊷ 見《大成》月刊第一三九期，頁四〇。

㊸ 見《大成》月刊第一二六期，頁四〇。

㊹ 香港政府於民國六十年（一九七一年）才實施免費小學教育，直到六十七年（一九七八年）才增至初中三年級之九年免費教育。每一位十五歲以下兒童都有機會進入學校讀書，而家長也有責任送兒童入學，否則可能會被檢控。參見賀國強著《透視香港教育問題》，頁五七，藝美圖書公司，一九八九年版。

㊺ 見蘇浙旅港同鄉會《葵青良友安老院開幕特刊》（一九八七年），頁七。

㊻ 見《大成》月刊第一三六期，頁四一。

㊼ 見《大成》月刊第一三八期，頁四一。

符合資格的老人入住，收費亦遵照該署規定，每月五百八十八元。該院除聘有正副院長主理院務外，聘有四名福利工作員，協助老人解決個人問題，幫助適應羣體生活，五名廚師爲老人供應早午晚三餐豐富膳食，一名護士、八名雜工及一名文員，爲老人提供護理服務，照顧老人起居生活及娛樂活動，務使住院老人能安享晚年。

(二) 葵青良友安老院

葵青良友安老院座落荃灣大窩口邨富國樓地下及二樓，面積一千四百七十餘平方米。該院開辦費一百八十餘萬元，大部分由該會名譽理事長何英傑所設之良友基金中捐出，故名爲葵青良友安老院[48]。該院於民國七十五年九月展開服務，可容納一百六十二位老人入住。該院聘有正副院長、一名護士、三名福利工作員、一名文員、三名廚師及六名雜務員，爲入住老人提供護理、膳食、健康教育、心理輔導及康樂活動等各項服務。六十歲以上符合社會福利署條件者可申請入住。收費分兩種：甲、供膳服務部，每位每月五百六十七元；乙、自行照顧部，每位每月一百九十七元[49]，收費低廉，而爲老人提供完善服務。

該會所辦之兩所安老院，均以非營利性質爲老人提供完善服務，及本着服務社會之宗旨，爲社會福利事業作出貢獻。

另外，該會名譽會長邵逸夫，於民國七十七年三月捐出八十萬美元，爲美國三藩市七萬餘老人，建立一個老人中心。於九月八日動工，並獲該市市長及市議會通過，將此日定名爲邵逸夫日[50]。

第三節　教育文化

蘇浙旅港同鄉會對香港教育文化之貢獻，着重在興學育才之教育事業，計創辦小學一所、中學三所。玆分述如下：

㈠　蘇浙小學

對於興學育才事業，該會早於民國三十六年率先舉辦教育半費助學金，對清貧會員之優秀子弟，經申請查核，即予補助其學費，使其不致半途輟學。民國三十八年，國人南來者衆，蘇浙同鄉棲遲港九者多，而子女教育問題急需解決。在政府教育設施缺乏之情況下，該會理事長徐季良即發起建會創校基金籌募運動，以期解決同鄉子弟教育問題。在熱心同鄉踴躍捐輸下，至三十九年五月一日，共籌得十八萬五千餘元㊿。翌年，得該會副理事長車炳榮襄助、康讓北角道十六號地基二千餘呎，作蘇浙小學校基，並籌足建校基金二十五萬元，於民國四十二年初

㊽ 見《蘇浙旅港同鄉會葵青良友安老院開幕特刊》（一九八七年三月五日），頁七。
㊾ 同前註書，頁一一。
㊿ 見民國七十七年九月十六日《華僑日報》。
51 見《蘇浙旅港同鄉會會刊》（一九七二年），頁七。

動工，九月落成開學，共八班三百二十九人[52]。

民國四十七年，清華街蘇浙公學落成，撥一、二樓課室予小學用。其後，寶馬山道蘇浙公學新校舍落成，並於民國七十年將清華街校舍全部改作小學校舍，而北角道校舍隨後改建作診療院。至此，蘇浙小學班級及人數大增，民國七十七年度，該校已增至八十三班三千三百八十人[53]。該校雖以蘇浙爲名，但學生不分畛域。以民國七十七年度計，學生來自二十一個省市，人數依次是廣東一千六百九十六名、福建一千零八十六名、上海一百八十九名、浙江一百三十九名、江蘇八十二名、山東四十四名、北京二十名、臺灣十八名、河北十五名、湖北十四名、天津十一名、湖南十名、廣西八名、安徽八名、河南五名、江西三名、雲南三名、四川二名、東北二名、山西一名、陝西一名。此外，尚有美、加、英、日、澳、葡、韓及東南亞各國合共二十三名。（詳見附圖八）此外，該校教師之學歷有大學三十一人、師範五十八人、中學三十五人，合共一百二十四人。（見附圖九）

該校除有先進之教學設施外，還有其特色，就是以國語爲教學語言。在幾乎所有學校均以粵語爲教學語言中，此舉確高瞻遠矚，在提高學生中文水準之外，使學生多懂一種語言——國語。該校校風純樸，學生學習成績理想，以民國五十—五十一年度至五十九—六十年度之十年爲例，該校參加升中試學生二三四六人，獲派中一共二〇八四人，百分率是八八點八，比全港百分之三〇高出近兩倍[54]。在課外活動方面，歷年均有出色表現，以七十五年爲例，該校學生參加第卅七屆校際朗誦節，獲國語獨誦冠軍八次、亞軍十次、季軍八次，國語集誦冠軍二次、亞軍一次，英詩獨誦冠軍二次、亞軍一次、季軍六次，英詩集誦冠軍一次、亞軍一次、季軍一次。第卅二屆校際舞蹈節中，亦獲高低年級各組六個乙級獎。第卅八屆校際音樂節，獲中年級歌詠組冠軍，及低年級組亞軍等[55]。而在參與社會公益活動，該校亦不甘後人，在民國七十五年捐款星島日報濟貧運動一萬三千七百餘元，華僑日報救童助學及公益金亦各一萬三千七百餘元，合共四萬餘元[56]。其他如體育、徵文、書法、創作等比賽中，亦有理想成績[57]，可見該校在德、智、體、羣、美五育方面，均有良好表現。（參見附圖十）

(二) 蘇浙公學

蘇浙旅港同鄉會於民國四十二年（一九五三年），在北角道十六號創辦蘇浙小學後，即籌建蘇浙公學，以完善之建校計劃向教育司署條陳，要求政府撥地及在經濟上協助。當局有感該會辦學熱忱，乃撥地北角清華街附近山地四萬六千餘方呎以作校基，並准貸款建校所需費用之半數一百萬元，於十年內免息攤還[58]。該會乃推定十二人組成籌備委員會，募集建校基金。經

---

[52] 同前註。

[53] 見《蘇浙小學卅五週年校慶特刊》（一九五三—一九八八）圖表。

[54] 見《蘇浙旅港同鄉會會刊》（一九七二年），蘇浙小學部，頁一。

[55] 參見《大成》月刊第一五〇期，頁四一。

[56] 同前註。

[57] 同前註。

[58] 見《蘇浙公學創校三十週年紀念特刊》，頁二六。

理監事之努力及同鄉支持，共籌得一百萬元[59]。民國四十五年一月進行開山塡平地基工程，於翌年三月完竣，復於五月招標承建校舍。四十七年二月廿六日，由港督柏立基爵士（Sir Robert Black）主持奠基禮，興工趕建，校舍如期於八月落成，九月開課，耗資二百萬元[60]。

蘇浙公學爲一所私立全日制之英文中學，初有學生十六班共六百七十九人，經多年努力，至民國五十一年，已增至廿五班共一千零三十五人[61]。五十四年二月，該校增設夜間英文商業專科，翌年起增辦大學預科班。由於該校辦理完善，學生衆多，原有校舍不敷容納，爲謀擴展起見，於民國五十六年獲政府撥地北角寶馬山道七萬三千餘呎爲新校基。次年春動工興建，五月廿三日邀請港督戴麟趾爵士（Sir David Trench）蒞臨奠基。新校舍耗資七百餘萬元，於五十八年九月落成開課[62]。但學生人數亦不斷增加，以至再現不敷容納之境況，於是該會乃於民國六十六年六月，在原十一層之校舍上加建兩層，增加十八個課室及四個實驗室，工程於六十七年二月竣工[63]。經二十年發展，該校學生已增至九十六班四九一六人[64]，比創校時增加達六倍。其後於民國七十年將清華街校舍全部撥歸蘇浙小學。雖然近十餘年來，香港人口出生率下降，適齡學童減少，但該校民國七十六—七十七年度學生人數，仍有九十一班四〇二五人[65]。

該校學生歷年來在學業及課外活動均有優異成績。如學生陳明眞，便在七十三年度中學會考中取得九優成績，並且是全港七位九優生中平均分最高者[66]。又民國七十六至七十七年度，該校學生參加第卅九屆校際朗誦節，在國語朗誦比賽中獲冠軍三次、亞軍四次、季軍三次及優異獎四十一次；英語朗誦比賽中獲冠軍四次、亞軍五次、季軍三次及優異獎三十七次。在卅九屆校際音樂節中獲冠軍二次、季軍三次及優異獎二十二次。另方面參加校際體育比賽中，亦獲冠軍五次、亞軍一次及季軍十次[67]。此外，該校亦組有交通安全隊、童軍、聖約翰救傷隊、少年警訊、公益少年團、銀樂隊、鼓隊等，經常參與校內外之公益活動及表演，並屢獲殊榮[68]。在「勿忘身爲炎黃子孫，努力光大中華文化」之創校宗旨下，該校以國語爲教學語言，成爲其特色之一。

蘇浙公學寶馬山道校舍，建校費用高達一千一百萬元，爲社團創辦之最大英文中學[69]。此等費用均由蘇浙旅港同鄉會熱心同鄉捐輸，加以該會對該校要求之嚴格，及管理之完善，使該校取得卓著成就，可見該會對香港教育之貢獻。（參見附圖十一、十二）

---

59 同前註。
60 同前註。
61 見《蘇浙公學五週年校慶特刊》（一九六三年），頁二四。
62 同註58書，頁二七。
63 見《大成》月刊第五十四期，頁四〇。
64 見《蘇浙公學創校三十週年紀念特刊》，頁四七。
65 同前註。
66 同前註書，頁二〇九。
67 同前註書，頁八八－九四。
68 同前註書，頁九一－一一六。
69 見《蘇浙旅港同鄉會成立四十週年特刊》（一九八六年），頁一二。

(三) 沙田蘇浙公學

七十年代開始，政府銳意發展新界，在沙田、大埔、荃灣、屯門等地區大興土木。隨着大型屋邨相繼在新界落成，人口急劇增加，中小學學額的需求殷切，而急需要解決。況且，依照民國六十七年（一九七八年）《香港年鑑》所載：

由一九七七年起，香港將有足夠學位供全部小學畢業生接受三年中學教育。為達到這項目的，屆時將增加初級中學學位五萬一千四百八十個，興建新中學約五十四所，其中包括小學改建的中學。此外，並計劃興建另四十八所新中學，預定在一九七九至八十一年間落成。[70]

該會為響應政府發展新界教育號召，乃向教育司署申請，在沙田區開辦中學。當局有感該會辦學認眞而批准，於沙田禾輋邨撥地六萬呎爲校址。民國六十七年，建校工程正積極進行，爲配合政府九年免費教育計劃，在校舍尚未落成前，借東華三院黃鳳庭中學校舍先行開學。該學期由教署分派中一學生十二班五百四十人，另應當地需要，加設中二兩班九十人[71]。

民國六十八年九月，校舍落成開課。校舍由教育司署經房屋署撥予該會，乃一標準中學校舍，有課室二十四個，除禮堂、圖書館、操場外，尚有電腦室、音樂室、美術室、木工室、家政室、物理室及化學室等十一個。校舍設備及傢具等，均按規定標準購置，耗資一百萬元，更蒙上海商業銀行慨捐五十萬元，成立陳光甫圖書館，購置圖書[72]。

沙田蘇浙公學，開辦時爲私立、不牟利、政府按位補助之全日制英文中學，自民國六十九年九月起，逐步轉爲政府津貼中學。該校亦本着該會辦學傳統，採用國語教學。在該會及教職員努力下，經過十年逐步發展，至民國七十七年，該校已增至三十班一千二百人[73]。學生成績理想，如民國七十六及七十七年，該校學生參加香港高級程度考試的合格率，分別是百分之九十二點一七及九十點一五，優、良級別佔總數百分之三十一點三三及三十點〇六[74]。此外，在課外活動方面，規定學生至少參加一項課外活動，該校課外活動委員會組有交通安全隊、童軍、少年警訊、公益少年團、舞蹈組、英文學會、中文學會等二十五個學會及小組，爲學生提供充分課外活動，有助其身心發展，對德、智、體、羣、美各方面均有裨益。此亦實賴該會認眞辦學之精神，及教職員努力耕耘，致有此理想成績。（參見附圖十三、十四）

㈣　葵涌蘇浙公學

蘇浙旅港同鄉會於民國六十七年創辦沙田蘇浙公學的同時，已條陳教育司署，開辦葵涌蘇浙公學。得教育司署允准，並獲新界理民府撥地新界葵涌榮芳路二八〇地段，面積五萬六千平方呎，作爲建築校舍之用。由計劃至裝修完竣，前後達五年之久，於民國七十一年九月開課。

---

⑳ 參見《大成》月刊第五十八期，頁四〇。
㉑ 同前註。
㉒ 參見《大成》月刊第八十五期，頁四〇。
㉓ 見《沙田蘇浙公學十週年校慶特刊》，頁二三。
㉔ 同前註。

建築及設備費共耗資二千五百萬元，除政府撥付一千五百萬元外，該會自行負擔一千萬元[75]。該校若按政府建築圖則興建，則該會僅需負擔二百萬元，由於該會將圖書館及禮堂面積擴大，及裝置空氣調節、升降機等設施，以致負擔增加至一千萬元，其不惜付出鉅資，以創辦一所完善學府之理想，由此可見[76]。該會永遠名譽會長邵逸夫，慨捐二百五十萬元贊助，其他同鄉亦鼎力支持，使該會共籌得二千萬元[77]，可見該會辦學之熱忱。

該校爲一所津貼英文中學，有廿四個標準課室，以及圖書館、禮堂、體育館、電腦室、音樂室等等。七十一年九月開課時，有中一及中四級各六班，合共四百八十五人，經幾年發展，至七十七年度，已增至三十班，共一千零八十八人[78]。學生成績正不斷提高，如七十七年度該校預科班的會考合格率平均爲百分之八十三點七，比上一年百分之七十爲高；校際朗誦比賽獲三項冠軍、一項亞軍及七項優異獎；校際英文朗誦比賽獲二項冠軍、亞軍及季軍各一項；校際音樂節獲二項冠軍、二項亞軍、一項季軍及七項優異獎等[79]。可見該校學生在學習成績及課外活動各方面均有良好表現。同時，該校亦秉承蘇浙旅港同鄉會之辦學傳統，以國語爲教學語言，對學生裨益甚大。（參見附圖十五、十六）

除該會所創辦之上述四所中小學外，尚有該會會員錢穆創辦之新亞書院，顧問唐星海於南海紗廠附設之南海英文中學。永遠名譽會長邵逸夫爵士捐資逾億元，在中文大學成立逸夫書院，顧問胡鴻烈與名譽理事鍾期榮伉儷創辦之樹仁學院，及會董孫方中在大埔開辦之孫方中小學等；又如該會會董吳俊升，除歷任大專院校校長、院長及系主任外，曾任中華民國高等教育司長及教育次長；又顧問沈亦珍，除歷任各大學教授、系主任等職外，亦曾任教育部普通教育司司長，兼管國民學校教育、中學教育、職業教育及海外華僑教育，更任該會蘇浙公學校長及中國文化協會主任委員等等，爲社會培育不少人才。如今，畢業於該等學校之人士，在各行各業中，爲香港社會之繁榮作出貢獻。由此可見，該會同人對辦學之熱忱，及對本港教育事業之貢獻。在本港二百多個同鄉會中，創辦學校者不少，但如該會之辦學規模與成績則絕無僅有。該會同人以鉅資創辦學校，其本着取諸社會用諸社會，不求名利，爲社會作育英才之精神，值得讚揚。

(五) 獎助貸學金

蘇浙旅港同鄉會創立初期，對於同鄉之清貧子弟教育問題，即加注意，歷年均有助學金以資補助，並組織助學金委員會專司其事。舉凡同鄉子弟，家境清寒，而向該會申請者，一經調查屬實，不論肄業任何學校均在補助之列。其後蘇浙小學及蘇浙公學創辦後，各自辦理獎、助、貸學金，對清貧學生，不分畛域均加以扶助。該會助學金始於民國三十六年，而於四十八年停止，附表三爲蘇浙旅港同鄉會自民國三十六年（一九四七年）秋季起，至四十七年（一九五八年）秋季止，共卅二期領受助學金人數統計表。

---

⑮ 參見《大成》月刊第一〇七期，頁四〇。
⑯ 參見《大成》月刊第一二九期，頁四〇。
⑰ 參見《大成》月刊第一〇七期，頁四〇。
⑱ 參見《大成》月刊第一七八期，頁四〇。
⑲ 同前註書，頁四〇—四一。

蘇浙同鄉會歷年各期領受助學金人數統計表

期次 ＼ 分區 ＼ 人數	級別			性別		籍貫		合計	金額
	初小	高小	中學	男	女	江蘇	浙江		
第一期1947年秋季	57	5	8	36	34	34	36	70	$ 2,619.00
第二期1948年春季	56	4	15	39	36	39	36	75	3,057.50
第三期1948年秋季	43	15	15	38	35	33	40	73	3,287.00
第四期1949年春季	41	12	15	35	33	33	35	68	2,977.00
第五期1949年秋季	31	20	9	28	32	31	29	60	3,025.00
第六期1950年春季	32	16	8	28	28	30	26	56	2,933.50
第七期1950年秋季	20	14	13	23	24	26	21	47	2,660.25
第八期1951年春季	24	14	12	22	28	24	26	50	2,700.00
第九期1951年秋季	16	16	15	22	25	26	21	47	2,940.00
第十期1952年春季	26	17	12	30	25	32	23	55	3,150.80
第十一期1952年秋季	21	15	17	24	29	29	24	53	3,066.75
第十二期1953年春季	30	10	13	27	26	32	21	53	2,995.00
第十三期1953年秋季	17	11	13	22	19	28	13	41	2,470.00
第十四期1954年春季	10	20	11	22	19	27	14	41	2,275.00
第十五期1954年秋季	26	9	12	28	19	30	17	47	2,793.50
第十六期1955年春季	19	9	10	26	12	29	9	38	2,258.50
第十七期1955年秋季	12	6	8	15	11	22	4	26	1,557.50
第十八期1956年春季	11	2	7	10	10	16	4	20	1,257.00
第十九期1956年秋季	9	3	6	8	10	14	4	18	1,020.00
第二十期1957年春季	11	1	5	8	9	13	4	17	902.00
第廿一期1957年秋季	9	4	5	11	7	15	3	18	1,051.00
第廿二期1958年春季	11	3	5	7	12	15	4	19	1,010.00
第廿三期1958年秋季	8	12	7	15	12	21	6	27	1,802.00
合計	540	238	241	524	495	599	420	1019	$53,808.30

附表三資料來源：影自《大成》月刊第六期，頁四一。

上述合共五萬餘元之助學金，均由該會同人慷慨解囊，紛紛認捐而籌得。

(1)　蘇浙小學獎助學金

該會於民國四十二年（一九五三年）創立蘇浙小學，爲進一步貫徹助學精神，除對清貧學生給予助學金外，對於品學兼優學生更予以獎學金，以資鼓勵。其辦法如下：

㈠　助學金：蘇浙小學以全年學費的百分之十爲清貧學生助學金，每學年申請一次，學費的多寡，人數的規定，悉依全年學費總額及全體學生人數爲標準。凡家境清貧，學業成績及格均可申請。

㈡　獎學金：蘇浙小學爲鼓勵學生敦品力學，對於品學兼優的學生，予以獎學金。每班考試成績獲得冠軍者免除全部學費；亞軍免除學費二分一；季軍免除學費三分一。

經費來源，除小學學費項下支出外，尙有校董、會董、鄉彥個別捐助，如保華、應善良、庚秀等等獎學金外，還有家長教師聯誼會所設之獎、助、貸學金。以下爲該校民國四十二年（一九五三年）至六十二年（一九七三年）獲獎助學金人數統計表：

附表四資料來源：影自《大成》月刊第六期，頁四二。

蘇浙小學獎助學金歷年人數統計表

年度	本校	家長教師聯誼會	保華	應善良	庚秀
1953	27				
1954	44				
1955	48	5			
1956	49	9			
1957	76	4			
1958	130	20			
1959	445	3			
1960	490	5			
1961	639	6			
1962	612	118			
1963	363	32	2		
1964	562	45	2		
1965	525	32	2		
1966	510	34	2		
1967	158	58	2	20	
1968	195	85	2	10	
1969	189	84	2	17	
1970	172	63	20	20	20
1971	174	49	21	20	24
1972	183	62	15	20	22
1973	134	55	13	18	19
共計	5,725	769	83	125	85

1. 本校家長教師聯誼會為紀念家庭與學校聯誼而設的獎學金額。
2. 保華建築公司同人為祝賀本會車炳榮副理事長六十生辰捐設。
3. 一位不具名的鄉彥捐設應善良獎金幫助家境清寒的本校同學。
4. 庚秀獎學金由葉庚年副理事長捐設獎予品學兼優的本校同學。
5. 尚有車副理事長捐出君榮獎學金將自本年九月開始接受申請。

(2) 蘇浙公學獎助學金

該會於民國四十七年創辦蘇浙公學，對於清貧學生的助學計劃，亦係貫徹施行，規定於每年學費總額中，撥出百分十爲助學金。其申請辦法如下：凡在該校肄業學生，因家境清寒，而讀書勤勉，品行良好，並能愛護學校者，不分籍貫，均可申請該會所設之助學金，與過去該會所設的助學金，僅限於蘇浙籍者範圍更大。助學金的申請有兩個條件：一是學業成績必須達到升級標準。二是操行成績良好必須乙等以上。助學金的金額，爲普遍獎助起見，除了全部免除學費外，亦設有半免學費。以下爲該校由民國四十七年至六十三年間獲助學生人數統計：

學　年	全免人數	半免人數
民國四十七—四十八年	十五人	九〇人
民國四十八—四十九年	十二人	九八人
民國四十九—五十年	十四人	一三〇人
民國五十—五十一年	八人	一五九人
民國五十一—五十二年	十八人	一五六人
民國五十二—五十三年	十九人	一五八人
民國五十三—五十四年	十一人	一七六人
民國五十四—五十五年	五人	二〇五人

民國五十五—五十六年	十六人	二〇六人
民國五十六—五十七年	十二人	二二六人
民國五十七—五十八年	十八人	二〇八人
民國五十八—五十九年	八人	四〇〇人
民國五十九—六十年	十人	四一四人
民國六十—六十一年	十三人	五四〇人
民國六十一—六十二	十六人	六二〇人
民國六十二—六十三年	十人	六四二人
合計	二〇五人	四四二〇人[80]

至於獎學金之設置，目的在鼓勵學生用功求學，培育人才。凡品學兼優，考試成績名列冠、亞、季軍者，該會均發給獎學金。獎學基金均爲該會會董、校董及同鄉所捐，計有陳廷驊獎學基金五萬元，大新銀行獎學基金二十萬元，庚秀獎學基金十四萬六千元，孔嘉、德英獎學基金二萬二千元，每年用利息作爲獎學金；另伯欣、品芬獎學金每學年六千元[81]。

該會爲獎勵蘇浙公學會考成績優良，而家境清貧之畢業生繼續深造，學成後爲本港服務。於民國六十三年二月，設立蘇浙公學畢業生升學留學貸助學金委員會，並制定貸助學金細則如下：

㈠ 貸助學金受惠人僅限蘇浙公學學生，貸款金額不得超過肄業學校規定之學費及其他必須支付之費用。

㈡　受貸人學業完成服務社會後，須依照申請時所填憑證，在其所得薪金或進益之金額內，每月歸還十分之一，直至還清爲止。貸款不計利息[82]。

民國六十八年十月，該會第廿一屆第二次會董會通過，將蘇浙公學畢業生升學留學貸助學金委員會改組，命名爲貸學金助學金委員會。受助範圍擴大，再不局限於蘇浙公學學生，全港院校學生均可申請。其規定如下：

㈠　家境清寒，肄業中學或小學學生皆可申請助學金；升讀大學之學生其家境確屬清寒者，亦得申請助學金。

㈡　貸學金僅限升讀大學之學生申請，但申請人於學業完成，服務社會六個月後，須依照申請時所填具之保證書，在其所得薪金或進益金額內，每月歸還十分之一，直至清還爲止，貸款完全免息。升讀大學之學生，無論申請助學金或貸學金，均須具備香港中學會考及格證書，及大學錄取通知暨學校收費證明文件[83]。

據民國七十四年（一九八五年）三月公報之統計數字，由民國六十三年（一九七四年）展

[80] 見《大成》月刊第四期，頁四○。
[81] 見《大成》月刊第一一四期，頁四一。
[82] 參見《大成》月刊第一四二期，頁四○。
[83] 同前註。

開貸助學始，至七十三年（一九八四年），該會核發貸助學金合計爲二百八十七萬餘元。其中助學金七十四萬餘元，受助學生五百六十六人(民國六十九年至七十三年即一九八〇至八四年)；貸學金二百一十二萬餘元，受惠學生五百三十人。（詳見附表五）另一九八四至八五年度核發助學金十五萬餘元；貸學金四十六萬餘元，兩者合共六十二萬餘元。而貸學金還款總額二十二萬餘元，尚欠一百九十餘萬元（至八十四年止計）[84]。該會自民國六十三年（一九七四年）學辦貸助學金十四年來，在會董慷慨捐助下，至七十七年，共籌得五百餘萬元，而受助學生有一千七百七十四人[85]。

蘇浙旅港同鄉會貸學金助學金委員會歷年所發助學金統計表： 21-3-1985

	1980		1981		1982		1983		1984		合計	
	人數	金額	人數	金額	人數	金額	人數	金額	人數	金額	人數	金額
本港中學	181	170.511.-	132	149,247.-	83	138,978.-	76	103,958.-	84	155,858.-	556	718,552.-
本港及海外大學	1	4.000.-	5	14.595.-	2	4,730.-	1	2,750.-	1	3,000.-	10	29,075.-
合計	182	174,511.-	137	163,842.-	85	143,708.-	77	106,708.-	85	158,858.-	566	747,627.-

歷年所發貸學金統計表

	1974		1975		1976		1977		1978		1979	
	人數	金　額	人數	金　額	人數	金　額	人數	金　額	人數	金　額	人數	金　額
本港大專院校	-	-	-	-	-	-	-	-	-	-	-	-
海外大學	2	32,591.90	1	18,401.60	3	39,979.20	3	47,282.25	3	64,421.74	2	57,000.-
合　計	2	32,591.90	1	18,401.60	3	39,979.20	3	47,282.25	3	64,421.74	2	57,000.-

	1980		1981		1982		1983		1984		合　計	
	人數	金　額	人數	金　額	人數	金　額	人數	金　額	人數	金　額	人數	金　額
	-		1	5,000.-	163	270,000 .-	149	269,500.-	136	270,700.-	449	815,200.-
	12	206,320.89	19	251,584.73	14	209,045.81	11	189,278.11	11	191,279.15	81	1,307.185.38
	12	206,320.89	20	256,584.73	177	479,045.81	160	458,778.11	147	461,979.15	530	2,122,385.38

84 同前註。

85 見《大成》月刊第一七三期，頁四一。

歷年所發助學金、貸學金統計表：

	1974		1975		1976		1977		1978		1979	
	人數	金　額	人數	金　額	人數	金　額	人數	金　額	人數	金　額	人數	金　額
助學金	-	-	-	-	-	-	-	-	-	-	-	-
貸學金	2	32.591.90	1	18,401.60	3	39,979.20	3	47,282.25	3	64,421.74	2	57,000.-
合　計	2	32.591.90	1	18,401.60	3	39,979.20	3	47,282.25	3	64,421.74	2	57,000.-

	1980		1981		1982		1983		1984		合　計	
	人數	金　額	人數	金　額	人數	金　額	人數	金　額	人數	金　額	人數	金　額
	182	174,511.-	137	163,842.-	85	143,708.-	77	106,708.-	85	158,858.-	566	747,627.-
	12	206.320.89	20	256,584.73	177	479,045.81	160	458,778.11	147	461,979.15	530	2,122,385.38
	194	380.831.89	157	420,426.73	262	622,753.81	237	565,486.11	232	620,837.15	1096	2,870,012.38

（附表五）影自《大成》月刊第一四二期，頁四一。

此外，該會會員亦以個人名義設立基金會，資助教育文化事業。如該會會長葉庚年設立之葉庚年教育基金，自民國七十三年（一九八四年）設立以來，每年均頒發助學金予本港各大專院校學生外，更資助各大專院校進行學術研究、旅行實習計劃及一些聯校活動[86]。民國七十八年初，該基金已頒發十四萬元助學金予五十七位大專院校學生，並特別撥出二十萬元作公民教育獎學金，讓至少八名大專學生，在暑假時前往海外國家參觀，增進學生對各種不同政治制度及運作之認識[87]。

又如該會名譽理事長朱朝欽設立之朱敬文教育基金，每年均資助本港清寒優秀學生，前往美國四所高等學府攻讀數學、物理、化學、各類工程、電腦、光學系學士學位[88]。

在該會會董及熱心同鄉之衆多慈善教育基金中，捐輸最力，成績最著者，乃該會永遠名譽會長邵逸夫。

㈥ 慈善名流邵逸夫

蘇浙旅港同鄉會永遠名譽會長邵逸夫，浙江寧波人，生於清光緒三十三年（一九〇七年），父親是商人。邵氏曾就讀於上海青年會英文中學。民國十二年（一九二三年），邵家已衰落，僅留下一間戲院。當時，美國默片初到上海，上海人都喜歡此等滑稽電影，像差利・卓別靈

[86] 參見《蘇浙公學創校三十週年紀念特刊》（一九八八年），頁一七七。

[87] 參見民國七十八年五月九日《華僑日報》。

[88] 該四所美國高等學府，分別是CORVELL UNIVERSITY, UNIVERSITY OF ROCHESTER, PURDUE UNIVERSITY, BOSTON UNIVERSITY，參見民國七十七年九月十七日《華僑日報》。

（CHARLES SPENCER CHAPLIN）早期作品之類。邵氏兄弟見此新興事業可為，便購買攝影機，以天一影片公司名義，攝製了第一部影片，成本是二千大洋。由於影片賣座，此二千大洋，便像雪球般越滾越大。民國十四年，邵氏三哥（仁枚）携三部影片到南洋發展，發現該地尚無電影院，於是，一方面租戲院放映其影片，另方面籌集資金，在新加坡、吉隆坡、檳城及怡保，開設四間電影院。翌年，邵逸夫亦到新加坡與其兄一起開拓電影事業。一九二八年，邵氏機構在新加坡成立。但民國十八至二十二年，世界經濟蕭條，景氣不佳，電影院接連倒閉。當時，電影亦從無聲進入有聲時期，邵氏兄弟乃購置講話機器，配合影片放映，使無聲變有聲。因此，邵氏公司不但沒有倒閉，反而業務蓬勃發展。同年秋，邵氏在香港攝製第一部有聲影片《白金龍》，由粵劇名伶薛覺先夫婦主演，首映轟動一時，獲利豐厚。邵氏公司發展迅速，經十年努力，在東南亞已擁有一百一十家電影院，九家遊樂場和劇場[89]。

四十年代，因太平洋戰爭爆發後，新、馬淪陷，使邵氏公司十多年的心血毀於一旦。民國三十四年日軍投降，新、馬重光，邵氏兄弟又重振旗鼓，恢復香港及東南亞業務。

民國四十八年，邵逸夫離開新加坡，到香港來發展他的電影事業。開始時在鑽石山租用片場拍攝影片，然後與香港政府協商，以二十萬元購置清水灣近二萬呎山地[90]，建立了邵氏兄弟製片廠。

清水灣邵氏兄弟電影製片廠落成至民國七十四年初，共攝製了八百至九百部影片[91]。全盛時之邵氏，廠棚有十五個，辦公大廈、黑房、餐廳、宿舍等設施齊全，員工達一千七百餘人，仍未包括合約導演及演員在內。後來，更建立外搭景十一個場地，要步行穿過影城，快步亦需四十分鐘以上，形成中國電影有史以來空前的電影王國，邵逸夫亦名震國際影壇[92]。

民國六十九年七月，邵逸夫出任香港電視廣播有限公司（簡稱無線電視）董事局主席。邵逸夫不僅是影視業巨擘，亦是一位慈善名流。

該會永遠名譽會長邵逸夫，熱心社會公益及教育文化，多年來均擔任香港紅十字會會長、香港藝術節主席、中文大學校董、女童軍協會委員、樹仁學院校董及香港公益金贊助人等，並於民國六十二年成立私人慈善基金組織——邵氏基金會。民國六十三年，邵氏獲英女皇頒授C.B.E勳銜（COMONDER OF THE ORDER OF BRITISH EMPIRE 英帝國高級勳章）；民國六十六年，又獲英女皇頒授KUIGHT BACHELOR爵位，嘉獎其對社會之貢獻。

如前所述邵逸夫身為蘇浙旅港同鄉會永遠名譽會長，及蘇浙公學校董，對會務貢獻良多，除創辦葵涌蘇浙公學時慨捐二百五十萬元外，亦曾捐資五十萬與蘇浙公學建新型圖書館。其後該校擴建，又捐出一百萬元襄助[93]。此外，香港大學之邵逸夫樓、中文大學之邵逸夫堂，均為其

---

89 參見《蘇浙公學二十週年校慶特刊》，頁一八五—一八六。

90 參見民國七十八年九月三日《星島日報》〈投資週刊〉。

91 影片數量多少，無確實統計，邵逸夫在一九八五年一月初與香港一家英文報紙的專欄作家談話時，因記不清楚而說不出來。參見一九八九年九月三日《星島日報》〈投資周刊〉。

92 參見張徹著《回顧香港電影三十年》，頁四○，香港三聯書店，一九八九年版。

93 參見《蘇浙公學二十週年校慶特刊》（一九七八年），頁一八八。

捐資興建。民國七十五年，邵氏慨捐一億元與中文大學，興建第四所學院——逸夫書院[94]。邵逸夫對本港慈善及教育文化之捐獻不勝枚擧，更惠及海內外。

民國七十八年一月七日，邵逸夫於六十二年設立之邵氏基金會宣佈，將捐贈逾一億五千萬港元，以協助推動香港、中國大陸及美國之教育、醫療、社會福利及藝術發展。其中獲捐贈的有大陸二十二所高等院校，亦爲八十七年以來第三次，過去兩次共贈款二億一千六百萬港元予二十五所高等院校。此外，撥出三千萬港元，資助位於港島般含道之何妙齡那打素醫院遷往大埔，及六百萬港元贈予九龍太子道聖德肋撒醫院，建立邵逸夫心臟診療中心。同時，邵氏基金會宣佈設立一個研究生奬學金，讓香港、中國及東南亞國家協會各地之優異大學生，到美國、英國及加拿大之哈佛、牛津、多倫多等高等學府就讀，每年一百人。自該基金會成立以來，已捐贈約七億元予香港、中國、新加坡、英國及美國各地[95]。

民國七十九年一月十三日，邵氏基金會宣佈，將捐贈一億三千八百萬元予本港及中國多間醫療及教育機構。其中明愛醫院七百萬元、中文大學兒童癌病基金一百萬元、浙江省杭州一新醫院七千萬元、中文大學逸夫書院一千萬元、浸會學院五千萬元。邵氏對是次捐款表示：

> 今年的捐贈計劃依循邵氏基金的創辦目標，促進社會福利及扶助有亟需的人士。我很榮幸能參與這具意義的活動，及發揚港人樂善好施的優良傳統。[96]

上述之捐贈，祇是其中之要者，但已可見邵逸夫不僅是影視業之巨擘，更是一位慈善及教育家，不但建立了自己的影視王國，亦建立了自己的慈善王國——邵氏基金會。其本着取諸社會，用諸社會的精神，對社會慈善及教育文化之貢獻至巨。

蘇浙旅港同鄉會同人對社會之貢獻，可從彼等所獲殊榮及職銜中進一步明瞭。獲爵士勳銜者有包玉剛、邵逸夫，C.B.E.勳銜（英帝國高級勳章）有包玉剛、邵逸夫、黃宣平、安子介、馬臨、田元灝，O.B.E.勳銜（英帝國勳章）有丁午壽、丁鶴壽、周忠繼、王統元、胡鴻烈、唐翔千、黃夢花，太平紳士有丁鶴壽、包兆龍、周忠繼、孫方中、葉謀遵等等，任行政局、立法局及市政局議員有唐星海、田元灝、安子介、胡鴻烈、黃宣平、黃夢花等，曾任香港工業總會主席有安子介、丁鶴壽，中華廠商聯合會會長有徐季良、車炳榮、周忠繼等，棉織業同業公會名譽會長周忠繼，香港塑膠業廠商會會長及主席有丁鶴壽、丁午壽，香港製衣廠商聯合會主席、製衣工業委員會主席及貿易局副主席田元灝，棉紡業公會理事有陳廷驊、方肇周、劉漢棟等，香港金銀貿易場主席徐國炯，保良局主席曹金霖，東華三院主席及總理有徐季良、徐展堂、車炳榮等，……不勝枚舉。獲勳銜十三人中，爵士銜有包玉剛及邵逸夫二人，佔今日香港華人爵士七分之二。彼等獲英女皇頒授勳銜者，並非世襲高門，亦非政治社會的特殊階級，更非社會權力及經濟操縱者。彼等乃香港社會中之事業成功者，爲社會進步繁榮都作出貢獻。所獲之勳銜，是對其貢獻給予嘉獎，亦可體會到該會同人對社會之貢獻。

從該會對社會之貢獻中，可了解到該會之功能，已不再局限於創立伊始之互助功能，而是

---

94 逸夫書院於民國七十六年初奠基，七十九年三月二日正式開幕。參見《香港中文大學概況》（一九九〇至九一），香港中文大學編印，頁八六—八八。

95 參見民國七十八年一月八日《香港時報》。

96 參見民國七十九年一月十四日《華僑日報》。

隨着社會之發展而演進，既秉承一貫之互助功能，亦致力於社會建設。事實上，同鄉會組織經幾百年來的發展，從往昔之會館、會所，發展到今日之同鄉會，都是一方面依循舊的功能，另一方面加入新的功能，不斷發展成長。正如竇季良在《同鄉組織之研究》中指出：

舊的同鄉組織因功能的逐漸消失，幾乎只剩下空的軀殼，卽從空的軀殼中蛻出新的組織又轉化出新的功能。這個轉化過程，大體上是在舊的基礎上漸向新的方向開展，卽是一頭帶着舊的，一頭生着新的。這是從民元以來新的同鄉會組織產生以後的事。而在民元以前迄於抗戰，多半是舊的因仍；自抗戰而後以迄現在，則多半是新的開展。

舊的因仍，主要還是在於同鄉互助，包括着喪葬、公祭、公慶、公宴、康樂、醫療、濟貧、教育、托事以及職業介紹，糾紛調解，法益維護等項。……

同鄉組織自抗戰以來，新的功能之開展，最主要的是戰時救濟，次是慰勞獻金，又次是空襲防護，以及戰時地方行政之策進[97]。

蘇浙旅港同鄉會用數千萬元計鉅資，服務於社會慈善福利及教育文化事業，將該會與社會相結合，視社會需要爲需要，造福社會，促進社會之繁榮，不再局限於該會本身之互助，這便是今日蘇浙旅港同鄉會之功能。其取得之成就，乃最好明證。

[97] 參見竇季良《同鄉組織之研究》，頁八七—九六。

附註　本書寫作期間，包玉剛爵士備極錦注，至以為感，今卽將出版，而包爵士經已去世，深以為憾。

第六章 對中華民國之貢獻與中國大陸的救助投資

第一節 對中華民國之貢獻

(一) 太平洋戰爭期間

同鄉會之功能，除直接參與其所在社區建設外，並及於國家民族。如賑災募捐、僑胞救濟等，其救濟之被難同鄉與被難僑胞，正是中華民族之一部分。而戰時與戰後之捐獻，以及團結海外僑胞等，均爲維護國家民族之舉。

民國三十年十二月七日，太平洋戰爭爆發，香港淪陷，而南洋各地亦多陷日軍手中。在日軍統治下，香港百業停頓，糧源短缺，於是日軍下令疏散人口，准許居民離境回鄉。其時，該會同人先組成蘇浙同鄉遣送歸鄉委員會，救助在港鄉胞。凡能自籌旅費者協助之，缺乏旅費者資助之，從水陸兩路先後遣送五千四百餘人安返家園。（詳見第三章第二節）時居港僑胞紛紛藉此疏散人口機會，以難民身份結伴離港轉入內地，大部分取道東江經由惠陽轉赴韶關；而部分則循海道至廣州灣登陸，轉往柳州桂林。難胞一面爲逃出日本人魔掌而欣慰，一面棲棲皇皇地淪為難民，深感前途茫茫。時中央設置之賑濟委員會，為應付此一緊急事變，將原設香港之第九救濟區（原轄粵桂港澳各地）分為第七及第九兩區。第七救濟區特派員陳志皐駐在曲江，專辦粵省賑務。第九救濟區特派員原由杜月笙（蘇浙旅港同鄉會名譽會長）兼領，但因民國三十年十二月二日，杜月笙與錢新之（蘇浙旅港同鄉會名譽顧問）聯袂由香港飛往重慶，為着例行的上海敵後工作年終檢討，及籌劃中國通商銀行重慶分行開業，原定在重慶逗留兩星期，不料太平洋戰爭爆發，以及杜月笙哮喘病發，被迫滯留重慶。因此，改委林嘯谷接充第九救濟區特派員，駐於桂林，專辦廣西賑務。陳林兩人均屬杜氏門生，工作能力強，但官場積習，鬆弛遲鈍，無論風火雷霆，事關緊要，依然牛步徐行，緩不濟急。時每一過境難民，辦妥登記申請審核等例行手續，已費去若干時日，及待領得賑款，其為數之微，恐尚不足抵補其待賑期內的膳宿支銷。因此，杜月笙乃以其私人關係，自行成立救濟系統，以解燃眉之急。統計此役，杜氏先後所費達二百萬元法幣，依當時黑市折換比例達港幣四十萬元之鉅❶。當時，杜月笙雖在重慶，却與留在上海的徐采丞合力謀劃，從上海租賃船隻直駛香港，運載難胞離境。該船於民國三十一年二月八日抵港，就其噸位所能負荷，來者不拒，盡量接載。於是顏駿人、曾雲霈、李纘侯、唐壽民、林康侯、劉放園、潘仰堯等一般名流，及杜氏親友，連同蘇浙同鄉約三百人，均由此船載返上海❷。

蘇浙旅港同鄉會同人，在救助難胞中，盡其所能，而其救助之難胞，正是中華民族之一部分，此舉，即對中華民族作出其應有之貢獻。

(二) 國民政府播遷臺灣期間

民國三十八年，中共奪取大陸政權，而國民政府播遷臺灣。蘇浙旅港同鄉會同人，本着一如既往之熱忱，支持愛護國民政府。該會名譽會長杜月笙，於三十八年五月初再次離滬來港。五月二十七日，上海國軍因戰略關係撤出上海，共產黨便指派陳毅爲上海市長。杜月笙抵港不久，共黨統戰份子立刻對其展開攻勢，亟欲爭取杜氏重回黃浦灘。因爲共黨深知，以杜氏個人之聲望及號召力，足可爲其利用一段時期❸。還有另一原因，厥爲當時上海金融領袖，以及工

---

❶ 參見拾遺著《杜月笙外傳》，頁七〇，臺北躍昇文化事業有限公司，民國七十七年八月版。

❷ 同前註書，頁七二。

❸ 杜月笙出身市井，是青幫大亨，然而，三十年代許多達官貴人、軍政要員都曾禮於其門下。杜氏藉煙賭起家發跡，但他亦是一位聞名大江南北的慈善家，亦是企業家、銀行家及文化巨子。抗戰前後，杜氏曾爲國家民族輸財出力，貢獻良多。勝利後，杜氏更受社會倚重，其時，杜氏擁有之職銜有：國民大會代表、上海參議會議長、中國紅十字會總會副會長、全國輪船業總會理事長、全國棉紡織總會理事長、上海商會監事、上海市工業會主任委員、上海地方協會會長、上海市銀行公會理事、上海市水果業公會理事長、上海慈善團體聯合會理事長。在工商業界，杜氏乃上海數一數二人物，他是榮豐、大豐、恒大、沙市、中國紡織等各大紗廠的董事長，中國、交通兩銀行董事、中國通商、中滙、浦東、國信等銀行董事長，復興、大通、大達、裕中等輪船公司董事長，中華、通濟、嘉陵、揚子等貿易公司董事長；亦是申報、商報、大東書局、中華書局、世界書局之董事長等等，不勝枚舉。杜氏一九五一年病逝香港時，蔣總統（介石）曾頒賜「義節聿昭」輓額加以旌揚，可見杜氏對國家民族之貢獻外，亦可見其個人之聲望及號召力。參見前註書，頁一六二—一六三；另參見章君穀著《杜月笙傳》，第一冊頁四—六及第四冊頁一〇三、三二六。傳記文學出版社，民國七十五年十月版。

商鉅子，莫不紛紛跟着杜月笙來港，彼等挾巨資而來，使共黨在上海佔奪得來之銀行、工廠、公司、商號等，只得一個空殼；既乏富有經驗之主持者，又乏週轉資金。因此之故，共黨統戰人員在港不惜威迫利誘，巧言令色，期使此等金融工商業鉅子返回上海。另一方面，剛上任之上海市長陳毅，亦公開致電旅港上海耆紳、金融工商領袖五大亨：杜月笙、陳光甫、李馥生、宋漢章及錢新之（杜、陳及錢三人均爲蘇浙旅港同鄉會名譽理事長及名譽顧問），懇請回滬❹。但上海的金融工商鉅子，大多是蘇浙旅港同鄉會成員，向以杜月笙馬首是瞻，雖有個別人士因部分資產在離滬時未及携來，而上共黨圈套。但絕大部分均與杜氏同進退，堅決抵制共黨引誘，使共黨無法達成目的。至於杜氏對共黨之痛絕，及對國民黨之貞誠，在他居港時對臺灣來的汪寶瑄一段說話中表露無遺。當時杜氏託汪氏轉告臺灣方面之黨政朋友，謂其雖是白相人出身，不是國民黨員，亦不懂三民主義、五權憲法。但自一九二七年起追隨國民黨，往後的抗日、戡亂，甚至於將來反攻大陸，還是跟着國民黨走。他指出，現在跟國民黨的人未見得滿意，不過，大家應該明白，跟國民黨縱使沒有乾飯喫，最低限度也有口稀飯喝，倘使去跟共產黨，將來連屎都沒有得喫❺。

蘇浙旅港同鄉會基本上是擁護國民政府，每年雙十國慶，該會均有組團前往臺北參加慶典，並拜會總統及各級首長，了解國民政府各方面之發展，並受到政府各部門及各界之熱烈歡迎❻。民國六十三年十月，以該會會長徐季良爲團長，一行二十八人組成回國祝壽團，乘機飛臺北向蔣總統（介石）祝壽❼。民國六十四年四月，蔣總統逝世消息傳到香港，該會亦以會長徐季良爲團長，組成四十餘人之代表團，於十四日前往臺北參加蔣公靈櫬奉厝大典，並至慈湖向蔣公靈櫬公祭，極盡哀思❽。

民國六十五年，美國總統選舉前，該會會長徐季良鑑於美國背信棄義，即將與大陸共黨政權建立外交關係，以國民身份，分函共和黨候選人福特（Gerald Ford）及民主黨候選人卡特（Jimmy Carter），促請彼等重視國際信義，維持與中華民國之外交關係，並獲卡特覆函表示重視其建議❾。可見其對國民政府之愛護與關懷。

民國六十六年，臺北遭受颱風吹襲，災情嚴重。該會同人本於關愛精神，集資捐助新臺幣五十萬元加以救援。臺灣省政府對該會同人之義舉，頒予獎狀以謝意，而僑務委員會亦頒贈「義行可風」匾額以嘉許❿。

民國六十七年，臺北滬江中學籌建游泳池，希望該會在經費上加以資助，而該會亦本於培

---

❹ 參見章君穀著《杜月笙傳》，第四冊，頁一八九。

❺ 參見前註書，頁四。

❻ 參見《大成》月刊第二四、二五、二六、三六、四八、六〇、七二、八四、九六……各期，頁三九－四二。

❼ 參見《大成》月刊，第十三期，頁三九－四一。

❽ 參見《大成》月刊，第十九期，頁四〇－四二。

❾ 參見《大成》月刊，第三十七期，頁四〇－四二。

❿ 參見《大成》月刊，第四十七期，頁四〇，及該會會長徐季良之《回憶錄》（草稿），頁六六。（由徐季良提供）

養下一代之精神，捐助該校新臺幣一百萬元⑪。

該會每年均派團參加雙十國慶大典，以示支持外，爲便利僑胞回國觀光、考察、投資，而免費協助發給所需各項證明文件，其中包括華僑身份證明書、回國投資證明書、普通護照申請表、護照延期申請表等，以增強僑胞之向心力⑫。民國六十五年，該會鑑於香港寸金尺土，墳地缺乏，特與臺北市浙江同鄉會合作，耗資五十萬元（折合新臺幣約四百萬元），購置台北縣石碇鄉小金瓜寮土地三十三甲（約爲三百六十萬平方呎），創設臺北花園公墓，以便僑胞去世後可安葬國土⑬。該會並任該會理事朱寶璜爲駐臺代表，以便統籌。

該會會長徐季良主持會務四十年，其忠貞愛國，熱心公益，提倡文教，出錢出力，對社會貢獻良多。民國六十年，蒙先總統蔣公（介石）頒賜「熱心僑教」匾額嘉勉⑭；民國六十七年，獲僑務委員會頒授「海光獎章」⑮；民國七十二年，獲中華學術院頒予名譽哲學博士榮銜以勉勵⑯。

該會名譽理事長董之英，於民國七十三年捐款二百五十萬美元，在臺灣成立財團法人董氏基金會，推動公害防治及協助青少年保健等工作。成立四年，工作成績卓著，於七十七年十二月五日，由李登輝總統頒褒揚令表彰，並獎勵其家屬⑰。

以上所述，充分反映出該會同人之愛國情操。而這種愛國情操，並不限於該會同人，更可反映出海外僑胞嚮往自由祖國之心聲。在臺灣當局而言，是極需僑胞之支持與擁護。從民國四十年至六十五年，每年雙十慶典，回臺參與慶典僑團及人數，由十二團二百三十七人，增至九百三十團二萬二千二百六十四人⑱。歷年回國升學僑生，亦由民國四十年之六十人，增至六十五年之一萬一千四百八十七人⑲。而僑胞回國投資，由民國四十一年至六十五年，共達四億四千萬美元⑳。此等均可說明，國民政府確實得到僑胞之支持與擁護。臺灣能有今日之成就，除國民政府領導有方，國民奮發圖強外，僑胞之貢獻是功不可沒的，而該會亦是其中之一分子。

(三) 團結僑胞

---

⑪ 參見《徐季良回憶錄》（草稿影本），頁六六。

⑫ 參見《大成》月刊，第六十二期，頁四一。

⑬ 參見《大成》月刊，第三十一期，頁三九。

⑭ 參見《徐季良回憶錄》（草稿影本），頁一一六。

⑮ 同前註。

⑯ 同前註。

⑰ 見民國七十七年十二月六日《香港時報》。褒揚令全文如下：

旅港華僑董之英，志行誠純，操持勤奮，經營工業，卓然有成，居港三十餘年，歷任香港中華廠商聯合會副理事長，九龍總商會名譽會長，致力發揚中華文化，熱心社會公益，樂善好施，蜚聲僑界。復於國內成立董氏基金會，慨獻鉅資，協助青少年身心保健，推展公害防治，尤以倡導拒菸運動，匡正風尚，於維護國民健康，裨益殊多，茲聞溘逝，悼惜良深，應予明令褒揚，以彰馨德。

⑱ 參見華僑志編纂委員會編《華僑志總志》之〈附表三〉，民國六十七年一月版。

⑲ 見前註書之〈附表五〉。

⑳ 見前註書之〈附表六〉。

我國華僑歷史源遠流長，華僑人口亦與日俱增。據統計，民國三十七年，海外華僑有八百七十餘萬人，至六十六年，已增至二千三百二十餘萬人[21]。考其原因，主要是由於大陸赤化後，逃亡海外者日增所致。以香港而言，民國三十六年僅有一百八十萬人，至七十四年已增至五百四十餘萬人[22]。自國父在檀香山首倡革命，成立興中會以來，參加革命，推翻滿清，建立民國，討袁護法、北伐、抗日，以至反共產專政等，華僑均無役不從，貢獻良多。故國父曾言「華僑為革命之母」，實非過譽。既然華僑貢獻良多，而團結華僑更是意義深長。蘇浙旅港同鄉會在團結僑胞方面所作的努力實在不少。在該會成立時，本身已具備團結僑胞、互助互利之目的與意義。所以，其所辦理之事務，如遣送僑胞返鄉、贈送寒衣、救災恤貧、贈醫施藥、創辦學校等，均朝着團結僑胞之方向發展，並著有成績。該會除致力於香港社會慈善及教育事業外，對外亦多有聯繫。一方面，該會之工商鉅子在海外大量投資，如美國、加拿大及東南亞等地，既促進當地經濟發展，亦增強華人在該地區之地位，而與當地華僑溝通與合作上，進一步團結海外華僑便易於達成。另一方面，該會亦派有駐美代表，以便統籌聯絡當地僑胞，及前往考察投資等工作，該會會董陳潤源便是多年來派駐美國之代表。在臺灣，該會亦派朱寶璜為駐臺代表，處理回國參加慶典，出席僑務會議，辦理投資考察，及管理與臺北市浙江同鄉會合作創辦之臺北花園公墓等情事。此外，該會亦借助《大成》月刊團結鄉僑。該刊物創辦人乃該會會董沈葦窗，為聯絡鄉僑，該刊每期均登載該會之會務近況，除該刊海外發行外，該會亦將此刊物寄往海外鄉胞，如加州浙江同鄉會，東京江蘇同鄉會等；以及居住海外各地之鄉僑，每月均寄贈二、三百本，此舉對團結僑胞所作貢獻是可以肯定的。

第二節　對中國大陸之救助與投資

蘇浙旅港同鄉會成立之初，其功能主要在於同鄉間之團結互助及福利事業。隨着社會之發展，該會之功能亦與社會同步發展，將其組織功能，與社會需要相結合。從以同鄉間之互助功能，發展至服務社會之功能，亦是必然之趨勢。因其本身既然屬於社會一分子，社會上之事務，自然與其息息相關。同時，該會亦沒有忘記自己故鄉，沒有忘記自己國家民族，因爲彼等均屬其故鄉一分子，中華民族之一分子，對於在中共統治下之同胞，都寄與無限同情。中共奪取大陸政權幾十年來，不斷從事階級鬥爭、人與人鬥爭，關起鐵幕去維持其統治，令國家經濟陷入困境，人民生活亦陷於貧困中，雖然如此，每當遭受嚴重自然災害時，必稱自已有能力解決，而不需援助，以示自已之富強。多年來，海外同胞及外國慈善機構，對中共「充胖子」及「報喜不報憂」之做法，祇能望門興嘆，愛莫能助。近十年來，大陸政權由於人事之變動，目睹世界民主國家之發展，覺悟到要維繫其統治，鐵幕封閉政策已行不通，若經濟繼續惡化，必然動搖其統治。因此，近十年來已採有限度之經濟開放政策。以低廉之土地資源及廉價勞工，吸引外商及僑胞前往大陸投資，以期擺脫經濟困境，此舉亦著有成效。對於海外華人之捐助，隨着

㉑　參見前註書，頁一五○—一五五。

㉒　參見元邦建著《香港史略》，頁一一，中流出版社有限公司，一九八八年十一月版。

對外開放政策的施行，亦由「拒人千里」，變成「多多益善」。在此形勢下，蘇浙旅港同鄉會同人及海外華人，本着對同胞之關懷，對國家民族之愛護，都會作出努力，特別是對遭遇自然災害之救助，及教育事業之捐助。

(一) 救助大陸災胞

蘇浙旅港同鄉會除致力本港慈善及教育文化事業外，對大陸同胞遭受嚴重自然災害時，均表關切，並加以救助。民國七十七年八月初，浙江省遭受颱風BILL（大陸稱爲七號颱風）襲擊，在寧波、奉化、紹興、新昌、杭州及湖州等沿海地區，釀成嚴重損失。毀田一百七十萬畝，毀屋二十萬間，災民達一千餘萬人，省會杭州陷於癱瘓，損失總計達十億元之巨㉓。蘇浙旅港同鄉會對故鄉遭受如此嚴重自然災害，本着「人溺己溺，人饑己饑」之精神，與寧波旅港同鄉會、甬港聯誼會、上海總會、泊興旅港同鄉會、漁洲旅港同鄉會、東陽旅港同鄉會及小湖洲旅港同鄉會等八個同鄉會，組成浙江風災賑助籌備委員會，發動會員同鄉捐款救助故鄉災民，協助災民早日重建家園。此次捐款，獲會員同鄉積極支持，蘇浙旅港同鄉會名譽會長包玉剛個人認捐一百萬元㉔，而該會名譽會長陳廷驊，亦在其創立之陳廷驊基金會中捐助二十五萬元，名譽理事曹光彪捐助五萬元，及該會會董方肇周捐助一萬元響應㉕。在各會員同鄉大力捐輸下，使浙江災民受助良多，亦反映出該會同人對大陸同胞之關懷。

(二) 資助大陸教育

十年樹林，百年樹人，蘇浙旅港同鄉會同人在本港創辦教育事業外，對大陸之教育事業亦貢獻不少。大陸在中共統治下，不僅經濟落後，在教育方面亦非常落後。據民國七十九年大陸人口普查結果顯示，大陸人口爲十一億三千三百六十八萬餘人，其中文盲、半文盲人口（指十五歲及十五歲以上不識字或識字不多者）爲一億八千零三萬餘人，佔總人口百分之十五點八㉖。一個有五千年歷史文化之泱泱大國，竟有如此龐大文盲人口，該會同人有感於此，本着民族前途設想，而對大陸教育加以資助，期望改善大陸之教育，培育中華民族優秀下一代。

民國七十四年六月，該會永遠名譽會長邵逸夫向浙江大學捐贈一千萬港元，用作興建邵逸夫科學館㉗。七十六年，邵氏又曾捐助一千萬港元興建寧波大學㉘。七十八年一月，邵氏宣佈在其設立之邵氏基金會中，捐贈一億五百萬港元予大陸二十二所高等院校，協助該等院校興建圖書館、教學大樓、及其他設施。該二十二所高等院校名稱及贈款數目、用途如下：

㉓ 參見一九八八年八月十三日《華僑日報》〈港聞版〉。
㉔ 參見一九八八年八月十八日《星島日報》及《華僑日報》〈港聞報〉。
㉕ 同前註。
㉖ 參見一九九〇年十月三十一日《星島日報》〈電訊版〉。
㉗ 參見一九八九年五月五日《星島日報》〈港聞版〉。
㉘ 同前註。

學校名稱	贈款數目	用途
北京大學	二千萬元	法學樓及地學樓
清華大學	二千萬元	圖書館
復旦大學	一千萬元	科技樓
暨南大學	一千萬元	體育館
廈門大學	五百萬元	學術交流中心
海南大學	二百萬元	科學技術交流中心
深圳大學	二百萬元	分析測試中心
南開數學所	三百萬元	圖書館及理論物理研究室
新疆工學院	三百萬元	綜合實驗樓
青島海洋大學	二百萬元	海洋科學技術館
大連理工學院	三百萬元	工程力學研究計算中心
江西師範大學	二百萬元	計算機教學大樓
青海大學	二百萬元	圖書館
河南大學	三百萬元	理科綜合樓
河北大學	三百萬元	圖書館
內蒙古大學	二百萬元	環境和草原科學樓

湖南師範大學	五百萬元	圖書館
寧夏大學	一百萬元	外語樓
廣西大學	二百萬元	電化、外語教學樓
山西大學	三百萬元	科學樓
貴州農學院	一百萬元	食品科學樓
西藏大學	一百萬元	電化教學樓㉙

邵逸夫是次捐助，乃自民國七十六年來協助推動大陸高等教育之第三次，過去兩次共捐款二億一千六百萬港元予二十五所高等院校㉚。運同是次捐款，合共三億二千一百萬元。民國七十九年一月十三日，邵氏基金會又宣佈捐贈一億三千八百萬元予本港及大陸多間醫療及教育機構，其中七千萬元捐予浙江杭州一間新醫院，協助該所教學醫院之籌辦、設計、興建及裝設先進醫療儀器㉛。

邵逸夫在資助大陸高等教育方面，特別重視師範教育。他認爲教育爲立國之本，而師資是教育之源，師資的水平關係到教育質量的高低。所以，其近年捐贈逾三億元予大陸四十七所高

㉙ 參見一九八九年一月十三日《華僑日報》〈港聞版〉。

㉚ 參見一九八九年一月八日《香港時報》，及一九八九年一月十三日之《華僑日報》及《星島日報》〈港聞版〉

㉛ 參見一九九〇年一月十四日《華僑日報》〈港聞版〉。

等院校中，有九所是師範院校㉜，可見邵氏對大陸教育之貢獻。

該會名譽會長包玉剛，對故鄉寧波之教育事業慷慨捐助。民國七十四年，包氏捐資七千萬元人民幣，在故鄉興建寧波大學㉝。其實，早在六十八年，包氏已捐助一千萬元為上海交通大學興建規模巨大，以其父親包兆龍命名之圖書館；七十一年又捐款設立中國留學生獎學金㉞。七十三年，包氏第一次回故鄉，便捐資一百萬港元興建兆龍學校（小學）。翌年再回故鄉時，再捐款六百五十萬港元，興建中興學校（中學），並以一百萬元人民幣修築一條公路，方便當地交通及學生往還㉟，可見包氏對大陸教育事業之熱忱。

以上僅為該會同人資助大陸教育之要者。其次如該會顧問顧乾麟，早於民國二十八年已在上海設立叔蘋獎學金，培育出不少人才，至三十八年離滬來港方停辦。近年，顧氏有感大陸之開放政策，而再度在滬之上海中學、南洋模範中學、市三女中、市西中學等校設立叔蘋獎學金㊱，為下一代之教育而盡力。彼等對大陸教育之貢獻，亦即對中華民族之貢獻，為中華民族培育優秀人才。

(三) 促進大陸工商業發展

隨着大陸對外開放政策之施行，香港對大陸之工商業發展貢獻越來越大。中共以低廉之土地資源及廉價勞工吸引港商及外商投資，引進先進技術、設備與管理經驗，擴大貿易增加外滙收入。在外滙方面，據饒餘慶在〈金融中心、貨幣制度和香港前途〉一文中指出，民國七十一年大陸單就有形貿易從香港獲得的盈餘便達三百七十一億元，如再加上僑滙旅遊，投資利潤在內，總數很可能達五百億元㊲。在開放政策下，香港工商界前往大陸投資逐年增加，特別是深圳、珠海、汕頭、廈門四個經濟特區，百分之八十至八十五的投資項目來自香港㊳。據香港東亞銀行董事及行政總裁李國寶於民國七十九年九月十日，在三藩市舉行之「國際太平洋邊緣研討會」上指出，在大陸投資方面，香港排名第一、日本第二、美國第三、臺灣第四，而香港與臺灣在大陸經營工廠，超過一萬五千間，僱聘當地工人超過兩百萬㊴。在芸芸投資大陸之香港工商界中，曹光彪乃其中著者。

蘇浙旅港同鄉會名譽理事曹光彪，是首批前往大陸投資設廠，並因而發展出「補償貿易」模式的港商。曹氏於民國三十八年來港，現爲永新企業有限公司董事長，亦是港龍航空公司創辦人之一。曹氏在大陸還未設立經濟特區前，便於民國六十七年八月在珠海香州興建毛紡廠。此項投資由中方提供廠址，廠房建成後，專門爲永新公司進行來料加工。工廠設備由永新公司

㉜ 參見一九八八年七月十三日《華僑日報》〈港聞版〉。
㉝ 參見一九八九年一月十三日《華僑日報》〈港聞版〉。
㉞ 參見元邦建著《香港史略》，頁二七七。
㉟ 參見汪衞興、倪列然著《世界船王包玉剛》，頁一三八—一三九。
㊱ 參見《大成》月刊，第一九一期，頁二二—三一。
㊲ 參見元邦建著《香港史略》，頁二七五。
㊳ 同前註。
㊴ 參見一九九〇年九月十二日《華僑日報》〈港聞版〉。

提供，包括廠房圖則，部分建築材料、機器設備及技術人員培訓等，中方負責廠房基本建設，當中方清還永新公司提供之機器設備經雙方釐定價値後，毛紡廠便歸中方所有。民國六十八年十一月，該廠正式投產，三幾年便賺回建廠成本，中方亦按規定取得該廠擁有權。這種投資模式，在日後便發展成爲「補償貿易」項目。六十八年大陸開始進行改革及開放政策，並歡迎外來投資以後，曹氏又於浙江湖州市，以香州的投資模式辦廠。該廠在兩三年間便歸中方所有，因此，曹氏覺得有需要做股東，直接擁有投資項目的權益。彼此，曹氏在大陸進行的投資項目，均按「合資企業」的規定，擁有此等投資至少兩成半的股東權益。例如曹氏最近的一項投資—深圳永新印染廠，由永新公司控有百分之五十一點五股權㊵。曹氏十一年來在大陸投資，總計有三十多項㊶，如深圳之毛紡廠、蛇口之紡織廠、廈門之棉紡廠、北京之漁陽飯店等。

又該會名譽會長包玉剛，在北京投資興建北京兆龍飯店，在故鄉寧波投資興建北侖鋼鐵廠，並親向英首相戴卓爾夫人（Mrs Margaret Thatcher）介紹寧波情況，希望英國合作開發寧波㊷。

此外，該會會董丁鶴壽丁午壽之開達實業有限公司（主要從事玩具及塑膠業務），自一九八〇年起，分別在深圳、珠海等地投資，僱用大陸勞工約二萬人。

除上述外，正如該會副會長徐立夫於民國七十八年十二月在其辦公室對筆者表示，該會之廠商，大部分或多或少均有投資於大陸，而其中以加工業爲主。

蘇浙旅港同鄉會同人大力投資於大陸，促進大陸工商業發展，一方面可改變大陸之經濟政策，另一方面提高大陸同胞收入，改善其生活水平。亦說明該會同人與海外華人一樣，對大陸同胞之關懷，對國家民族之熱愛。該會同人無論對大陸之救助、捐贈或投資，均本此精神。事實上，一個專制政府，並不能代表國家民族，因其根本得不到人民的認同。從民國七十八年（一九八九年）大陸民主運動之熱潮，及後來受血腥鎮壓，可說明中共之專制。所以，對國家民族之熱愛及對同胞之關懷，並非對中共之認同。

㊵ 參見一九九〇年十二月二日《星島日報》〈投資周刊〉。

㊶ 同前註。

㊷ 參見元邦建著《香港史略》，頁二七七。

第七章　徐季良與同鄉會會務之發展

蘇浙旅港同鄉會創立四十餘年來，無論在教育、醫療、救災恤貧及安老服務等方面，都取得相當成就。該會能有此等成就，此乃領導者之大公無私、精明能幹、及會員之共同努力所致。而領導該會四十年之創會人徐季良會長，更將其畢生精力，貢獻予該會。

徐季良係浙江紹興人，早歲肄業於浙江大學，旋投身工商業。民國二十四年，自滬至粵，在廣州創設大華鐵工廠，專營軍需金屬製品，其後返滬創華強實業公司。二十六年，日本侵略中國，徐氏所創事業盡毀於日軍炮火下。是年杪，徐氏移居香港重建大華鐵工廠，在其悉心經營下，業務蒸蒸日上。

民國三十年十二月，太平洋戰爭爆發，香港淪陷，徐氏之事業再次爲戰火所毀。香港在日軍統治下，百業蕭條，民生艱困。徐氏目睹鄉胞之厄困，乃與熱心之同鄉，於三十一年二月，組成蘇浙同鄉遣送歸鄉委員會，負責策劃遣送鄉胞回返家園。詳見第三章第二節。

三十一年冬，蘇浙同鄉遣送歸鄉委員會結束，旋即由徐氏與蘇浙同鄉阮維揚、蕭三平、倪士欽、沈吉誠等七十人，發起組織蘇浙旅港同鄉會，並任副會長職，致力推展會務。其時香港仍在淪陷期，工作著重於同鄉間之團結互助，如施醫贈藥、平糶糧食及介紹職業等。其時，徐氏更加入東華三院❶董事局工作，任首總理，爲本港居民服務，並任中華廠商聯合會副會長。

三十四年八月，香港重光，徐氏乃重建大華事業集團。彼時該會正力謀發展，惟連會所亦缺，而徐氏爲會務發展計，慨將其太子行一一八室捐與該會作會所（詳見第三章第二節）。徐氏此舉，一方面奠定會務之基，另一方面藉此提倡對該會之捐助，爲未來之發展奠下良好之基礎。

三十五年，該會修訂會章，向華民政務司註册爲合法社團，該會至是正式成立。徐氏膺任首屆副理事長，至第四屆改任爲理事長。民國六十六年改理事會爲董事會，改理事長爲會長，徐氏均任該會會長，至七十四年第二十三屆任滿退休時爲止❷。其擔任會長四十年來，對該會之貢獻至巨，以下爲其中犖犖大者：

㈠ 創辦學校

民國三十八年，徐氏任該會理事長，爲解決會員子弟教育，設立教育半費助學金，以紓清貧會員之困。至四十七年秋季，受助人數一千餘，金額五萬三千餘元，徐氏認捐六千元❸。同時，更發起建校基金籌募運動，自三十八年七月至四十二年九月，共籌募得二十八萬三千餘元。其中以徐氏募捐得四萬二千元爲最，次爲王志聖二萬六千元、杜月笙二萬三千元、董之英二萬元等❹。另方面，該會常務理事車炳榮廉讓北角道一千五百餘呎地作建校之用。四十二年九月，蘇浙旅港同鄉會創辦之蘇浙小學落成開課，徐氏更任爲校董會主席兼監督，負責學校管理。同年十月，徐氏以香港地區代表參加在臺北召開之全球僑務會議，蒙先總統蔣公（介石）召見，指示致力發展僑教事業。徐氏慨諾，對興辦僑教事業更爲積極。

在蘇浙小學基礎已定後，徐氏又致力創辦蘇浙公學，並獲政府撥地清華街及貸款。徐氏與董浩雲、錢穆等十二人組成建校委員會，負責籌集建校基金。至民國四十四年十二月十五日，徐氏與王統元各籌得四萬元最多，至一九六一年十月，徐氏共籌得十二萬二千獲冠軍，亞軍是邵邨人六萬二千二百元，季軍是董俊英六萬元❺。四十七年校舍落成，徐氏又被公推爲校董會主席兼監督。可見徐氏服膺先總統蔣公（介石）指示，致力發展僑教事業，身先士卒，不敢後人。

蘇浙公學在徐氏及同人之努力下，發展迅速。更於五十八年耗資七百萬元，建成寶馬山道新校舍，並得邵逸夫捐資五十萬作圖書館用（詳見第五章第三節）。雖然該校已由開辦時之十六班，擴展至六十一年之六十二班二千八百餘人❻，但仍未能滿足前來投考者之需。徐氏乃提

---

❶ 香港東華三院，爲東華醫院、東華東院及廣華醫院三間醫院管理機構之總稱。歷史悠久，是香港一著名慈善機構。

❷ 參見《蘇浙旅港同鄉會成立四十週年徐會長季良博士榮休紀念葉會長庚年先生榮任誌喜第二十四屆會董就職典禮大會特刊》（一九八六年三月二十日）。

❸ 參見《蘇浙旅港同鄉會蘇浙公學蘇浙小學彙刊》（一九六一年），頁五一—五三。

❹ 參見《蘇浙旅港同鄉會特刊》（一九五三年），頁四六。

❺ 參見《蘇浙旅港同鄉會蘇浙公學蘇浙小學彙刊》（一九六一年），頁九六—一〇八。

❻ 參見《蘇浙旅港同鄉會會刊》（一九七二年）〈蘇浙公學部〉，頁一。

出在樓高十一層之新校舍加建兩層，增加課室十八個、實驗室四個，可多容學生約一千人[7]，並於六十七年完成，學生人數增至九十六班五千餘人。而學生成績以民國五十五至六十六年參加香港中學會考計，合格率是百分之九十四至九十八之間[8]。徐氏身爲校董會主席兼監督，實功不可沒。

民國六十五年，徐氏慨捐蘇浙公學建校基金一百萬元[9]。爲配合新市鎮之發展，該會再向政府申請開辦沙田蘇浙公學及葵涌蘇浙公學。沙田蘇浙公學於六十八年落成，耗資一百萬元，並得上海商業銀行捐資五十萬，成立陳光甫圖書館（詳見第五章第三節）。該校校董會主席及監督，均由徐氏出任。該校在徐氏之領導及已有之辦學基礎與經驗下，成績令人鼓舞。學生人數由最初十二班五百餘人，十年後增至三十班一千二百人[10]。七十六年及七十七年，該校學生參加香港高級程度考試的合格率，分別是百分之九十二點七及九十點一五[11]。七十一年，耗資二千五百萬元之葵涌蘇浙公學落成，徐氏亦任該校校董會主席兼監督。該校成立以來發展理想，校譽日隆。詳見於第五章第三節。

至此，該會共創辦有四所學校。該四所學校均由徐氏主其事，自集資至開辦，無不全心全力從事。據一九八五年統計，在校學生一萬零四百六十六人，歷屆畢業生共一萬八千二百一十四人[12]，可見其辦學成績理想。而學生在純樸校風薰陶下，無論學業成績或課外活動，各方面都有均衡發展，正符合其辦學宗旨。徐氏亦指出：

> 蘇浙公學乃為蘇浙旅港同鄉會所開辦，其經費來源，悉由余呼籲蘇浙同鄉賢達、熱心教育人士，慷慨捐助；其宗旨以振興僑教，配合香港政府政策，發展中等教育事業，造就

人才將來為民族、為社會、為世界有一番偉大貢獻，冀能復興文化，宏揚傳統道德精神。⑩

徐季良身為該四所學校之校董會主席兼監督，除致力辦好學校外，亦注重學生之延續教育，始於民國六十三年便組成蘇浙公學畢業生升學留學貸助學金委員會，並任主任委員，負責統籌辦理。其後於六十八年改稱為貸學金助學金委員會，申請者亦不再局限於蘇浙公學畢業生。正如就讀於蘇浙公學學生，並不局限於蘇浙籍一樣，進一步擴展對社會教育服務。十五年來已支付五百七十九萬元，受惠學生一千九百六十六人⑭。

徐氏努力不懈之辦學精神，對發展僑教事業貢獻良多。民國六十年，蒙先總統蔣公(介石)頒賜「熱心僑教」匾額嘉勉。民國六十七年，獲僑委員會頒贈「海光獎章」，及七十二年，中華民國中國文化大學中華學術院院長張其昀，頒授「名譽哲學博士」銜表彰。詳見第六章第二節。

---

⑦參見《大成》月刊，第五十四期，頁四〇。
⑧參見《大成》月刊，第四十七期，頁三九。
⑨參見《大成》月刊，第二十七期，頁三八。
⑩參見《沙田蘇浙公學十週年校慶特刊》(一九八八年)，頁二三。
⑪參見《沙田蘇浙公學十週年校慶特刊》(一九八八年)，頁二三。
⑫見《大成》月刊第一四四期，頁四一—四二。
⑬此乃民國七十八年十一月初，徐季良接受筆者訪問時所言。
⑭參見《大成》月刊，第一九一期，頁四〇。

(二) 開辦慈善事業

蘇浙旅港同鄉會在徐季良領導下，對濟急扶危、施醫贈藥等慈善工作，無不悉力以赴，數十年來，受惠者甚多。在該會成立之初，徐氏便在其捐贈之太子行會所內設立診療所，爲會員及市民服務。其後一再擴展，至今日設備完善之慈德診療院，均是在其領導及籌劃下達成，以非營利性質向市民提供服務，受惠者數以萬計。

民國七十三年，徐氏爲協助政府社會福利政策，解決老人安置護理服務，獲會董會通過開辦安老院，並以徐氏及葉庚年、周忠繼、張楠昌等十四人爲籌備委員，展開工作。在徐氏領導下，耗資三百五十萬元作裝修設備之蘇浙旅港同鄉會屯門安老院，於七十四年開幕，可爲一百九十二位老人提供非營利之安老護理服務。徐氏出任該安老院管理委員會之顧問一職，爲該院之發展，奉獻智慧。

民國七十四年九月，徐氏以八十五歲高齡辭去會長一職，轉任爲永遠榮譽會長，但對會務之發展仍然關懷備至。四十年來，該會在徐氏領導下，在其捐獻會所確立會務基礎始，得以迅速發展。其後再購置寬敞會所，並附設美侖美奐之餐廳。從四十二年創辦蘇浙小學，到今日擁有四所學校；從當初在會所內附設診療所，到今日擁有設備完善之慈德診療院；從七十四年開辦第一所安老院，到今日擁有兩所安老院等，使該會成爲香港最具規模之同鄉會，在在均與徐氏之努力息息相關。香港自二次大戰以來，一直在風風雨雨中前進，如無堅定不移之意志，十年如一日，全心全意地奮鬥，區區一個同鄉會，實難有如此成就。雖然，該會取得之成就，並非個人努力可達成，而是需要會員共同努力，同心同德才能達致，但一個大公無私，精明能幹之領導者是不可或缺的。而徐氏正是一個大公無私、精明能幹之領導者，帶領着蘇浙旅港同鄉會取得如此成就。正如該會在徐氏榮休頌文中謂：

我會在徐會長領導之下另一豐碩收穫，首為創辦華僑教育事業如下，……上述四校，均由徐會長主持其事，自集資至開辦，無不全力從事。……徐會長為人正直廉潔，大公無私，出錢出力，實事求是，我會創辦如許多宏偉之事業，全憑其不可估計之影響力。⑮

可見蘇浙旅港同鄉會有今日之成就，與徐季良之貢獻息息相關。

---

⑮ 參見《蘇浙旅港同鄉會成立四十週年徐會長季良博士榮休紀念葉會長庚年先生榮任誌喜第二十四屆會董就職典禮大會特刊》（一九八六年三月），頁一一一一一三。

附註　本書寫作期間，徐季良會長備極錦注，至以為感，今卽將出版，而徐會長經已去世，深以為憾。

第八章　發展之趨勢

蘇浙旅港同鄉會成立四十餘年來，一直隨着社會之發展而成長。憑着該會同人之魄力與才幹，無論在繁榮社會經濟，興學育才及慈善福利事業各方面，都爲香港社會作出巨大貢獻。而該會會務之發展，亦從無到有，從平凡到燦爛。回顧過去，展望未來，該會將來之發展趨勢如何？值得加以探討。

第一節　「九七」之陰影

香港地域包括香港島、九龍及新界三個部分，全境面積爲一千零四十五點六七平方公里（包括新填地）❶。而人口方面，以民國七十九年（一九九〇年）計，達五百八十萬零六百人，其中百分之九十八屬於中國人❷，亦是世界人煙最稠密地方之一。清道光二十一年（一八四一年）一月二十六日，英國軍隊登陸上環水坑口，宣佈佔領香港。其後，滿清政府與英國簽訂了

❶　參見元邦建著《香港史略》，頁一。
❷　見民國八十年一月十一日《星島日報》〈港聞版〉。

三項不平等條約，正式確認英國在香港、九龍及新界的統治地位。詳見第三章第二節。

民國三十八年，中共奪取大陸政權後，一直不承認此等條約，但亦未採取行動收回香港之管轄權，而將香港作爲與西方國家交往之門戶。香港既有得天獨厚的優越地理環境，加以四十年代後期到五十年代初期，中國內地大量勞動力及資金流入香港，使戰後香港經濟迅速發展。正如民國三十六年至四十六年出任香港總督之葛量洪（Sir Alexander Grantham），在其《回憶錄》中謂：「復甦較快的因素是由於中國回流香港的大量勞工。」又說：「香港經濟的重建主要是得力於上海人帶來的資本和技術。」❸在有利之地理環境、充裕的勞工、大量的資金，以及政府的不干預政策，鼓勵外來投資等，推動香港經濟向現代化、多元化發展，使香港發展成爲國際金融中心，世界著名的都市。

七十年代末期，距離民國八十六年（一九九七年）「拓展香港界址專條」強租新界的期限愈來愈近，香港人與海外投資者對香港的前途開始關注。其理由主要是新界土地的租期難解決，及銀行貸款期限只能到八十六年，對工商業之發展很不利等。七十一年，英國政府亦體會到八十六年期限所帶來的不明朗狀況，對香港非常不利，於是與中共展開談判。幾經波折後，於七十三年九月二十六日，中（共）英雙方達成了《關於香港前途的協議草案》❹，並於同年十二月十九日正式簽署。協議中，香港主權將於八十六年七月一日由中共恢復行使。而中共在恢復行使主權後，根據其憲法第三十一條的規定，設立香港特別行政區，享有高度的自治權，現行之法律基本不變；現行社會、經濟制度不變，生活方式不變，並在五十年內不變❺，實行「一國兩制」❻。當時，香港市民對中共之承諾抱持樂觀態度，而蘇浙旅港同鄉會部分會員亦如是。

這主要是大陸自七十年代末期實行改革開放政策，香港人一廂情願地希望大陸逐步走上民主自由之途。直至後來中共在制訂有關香港特別行政區《基本法》過程中之強硬表現，特別是七十八年北京「六四事件」之發生，才使此等對中共承諾抱有幻想之市民覺醒。香港人心頭蒙上陰影，出現了信心危機。雖然目前距離八十六年（一九九七年）尚有一段頗長時間，但「九七」之陰影已籠罩整個香港社會。在此情況下，部份居民已紛紛移民外國，或爲將來移民預鋪後路，以免「九七」後被迫留在香港，可能失去其自由與財富，從而使香港掀起一股移民潮。據香港政府統計，僅民國七十八年，便有五萬餘人移民外國，其中萬餘人屬專業人士，流出資金達三百多億港元❼。七十九年，港人移民外國接近七萬人，以香港六百萬人口計，不足一百人便有

❸ 同❶書，頁二〇二。

❹ 《關於香港前途的協議草案》，即《關於香港問題的聯合聲明》（草簽文本）和三個附件。附件一是〈中華人民共和國政府對香港的基本方針政策的具體說明〉；附件二是〈關於中英聯絡小組〉；附件三是〈關於土地契約〉。參見《大不列顛及北愛爾蘭聯合王國政府和中華人民共和國政府關於香港前途的協議草案》，一九八四年九月二十六日，香港政府印務局印。

❺ 參見前註書，頁九一一。

❻ 早在民國七十一年，中共在解決香港問題的原則是：「收回主權，穩定繁榮。」在具體做法上是：「一個國家，兩種制度。」即中共在大陸十一億人口實行社會主義制度，在香港實行資本主義制度。參見元邦建著《香港史略》，頁二八二—二九二。

❼ 參見徐四民著《除四民言論集》，頁X，鏡報文化企業有限公司，一九九〇年六月版。

一人移居他國❽。據《華僑日報》載，八十年首兩個月，約有一千五百名公務員請辭，副港九政務署長馮國強亦要求提早退休，移民加拿大❾，足以反映公務員人心不安，對前途缺乏信心。而移民外國者，大多選擇社會較安定之民主國，如美國、加拿大、澳洲及紐西蘭等。此移民潮相信會一直延續至「九七」，並且對香港造成嚴重而深遠的影響。

面對「九七」問題，同鄉會又如何面對呢？首先，必須明瞭中共對民間組織之態度。根據中共憲法第二章第三十五條規定，公民有言論、出版、集會、結社、遊行、示威的自由。就法律條文而論，同鄉會組織乃憲法所允許者，但中共却將同鄉會視爲封建地方主義組織，恐怕此類民間組織不利其統治，而加以取締，因此，有悠久歷史的同鄉會組織遂在大陸被禁絕。其所立之憲法，由其所踐踏，在中共統治下乃是司空見慣之事。另一方面，大陸現在仍有民間組織存在，是可以肯定的，但此等民間組織均由中共所組織，或受其操縱，聽命於中共。正如北京現在仍有幾個民主黨派組織，各地有工會、藝術團體等等一樣，表面是民間組織，但實際是由中共把持或支配，否則不能存在。所以「九七」後，同鄉會能否繼續生存下去，實在令人懷疑。當民國七十三年中（共）英發表關於香港前途問題的聯合聲明中強調，「九七」後香港維持資本主義制度五十年不變時，部分蘇浙旅港同鄉會成員，有感中共近年來之開放改革，如歸還華僑被佔奪之房產，經濟開放採承包制，及引入外資等等一系列改革措施，並取得一定成績。在爲國家民族前途而論，均期望中共放棄其專制統治，步上民主自由之途。所以，部分人士乃對香港前途及同鄉會之未來抱持樂觀態度。正如該會永遠名譽會長邵逸夫所云：

回顧過去兩年，因一九九七香港命運前途未明，形成市面不景，人心惶惶，自從一九八四年十二月十九日中(共)英雙方協議簽訂後，人心逐漸轉向安定，市面蕭條現象頓卽消失，社會經濟亦由活躍轉為繁榮。我們蘇浙旅港同鄉向來刻苦耐勞，在香港工商界擁有相當强大之實力，在社會經濟命脈中佔着極重要的比重，對發展香港成為世界商業中心與經濟名城，實有鉅大的貢獻。

目前安定的局面已透露了端倪，中英雙方均具有決心在一九九七年前後永遠保證維持香港之繁榮，就我個人來説，對香港前途非常樂觀，抑且充滿了信心。⑩

事實上，香港市民或同鄉會中部分人士，眼見中共近年之開放改革，一厢情願以爲中共已改轅易轍，及希望香港能有安定的生活環境，所以對中共承諾八十六年(一九九七年)之後，以港人治港及保持資本主義制度五十年不變，抱持樂觀態度是可以理解的。但七十八年六月四日，中共罔顧憲法，出爾反爾，無視人權，無視世人譴責，血腥鎮壓愛國青年學生，造成數千人傷亡之天安門慘劇，令對中共承諾抱持樂觀態度者大失所望，而放棄其對中共所存之幻想，引發香港人才外流之嚴重問題出現。對於蘇浙旅港同鄉會將來之發展，亦留下難以消除之陰影，懼怕香港重蹈昔日中共接管上海之覆轍。

第二節 發展之方向

⑧ 參見民國八十年三月三〇日《華僑日報》，〈港聞版〉。
⑨ 參見民國八十年四月八日《華僑日報》〈港聞版〉。
⑩ 參見《大成》月刊，第一四八期，頁四一。

蘇浙旅港同鄉會是一個無政治背景之同鄉會組織，亦是社會團體的一分子，其發展是受社會之政治經濟等環境因素所影響。過去四十餘年來，該會均配合社會之發展而成長，並已取得巨大成就。在現今之社會環境下，該會可秉承其過往一貫之宗旨，在團結同鄉，互助互利，促進本港經濟發展之餘，保持其取諸社會，用諸社會之態度，繼續爲本港社會之慈善福利及教育事業作出貢獻。但由於面對「九七」，出現信心危機而引發之移民潮，自然對該會發展造成一定程度之影響。由於該會成員在本港經濟上有其重要地位，特別是紡織及航運業，且大多數在四十年代末期，爲避秦而將其在上海所創立之事業或資金携來香港，重新發展而取得今日之成就，彼等對中共奪取政權後之所作所爲，自是「點滴在心頭」，所以，爲免重蹈覆轍，部分會員已將資產外移，在社會政治經濟局勢較穩定之美國、加拿大、澳洲及紐西蘭等地部署了退路。正如本港現時許多上市公司遷册百慕達⑪，滙豐銀行遷册英國一樣，當「九七」到來時可遠走高飛，以免成籠中鳥。此乃不僅是該會部分會員之做法，亦是香港部份居民的一般態度。雖然屬於悲觀消極態度，但昔日上海及今日北京之教訓亦可作其龜鑑。在此環境下，同鄉會之發展自然困難重重。雖然該會有足夠之資財及人力維持現有之慈善福利及教育事業，若要創立新事業，恐怕亦有「時不我予」之嘆。如該會第二十五屆第十次會董會議時擬增設第三間安老院⑫，及先前擬在九龍東部增辦一中學，至今均無下文，相信計劃已擱置，此與整個社會政經環境之改變有着密切關係。所以，在「九七」前之一段時間內，相信該會僅着重於維持現已創立之各種慈善福利及教育事業，爲社會作出貢獻，而不可能有具規模之新擴展。

當「九七」到來，中共對香港行使主權，該會之發展又如何呢？試看民國時期大陸各地之同鄉會組織，當中共奪取政權後，已消聲匿跡。今日大陸，再無一個同鄉會組織存在，可見中共絕對不允許同鄉會之存在。雖然中共承諾維持香港資本主義制度五十年不變，在中英聯合聲明中亦有如下之規定：

香港的現行社會、經濟制度不變，生活方式不變。香港特別行政區依法保障人身、言論、出版、集會、結社、旅行、遷徙、通信、罷工、選擇職業和學術研究以及宗教信仰等各項權利和自由。⑬

但其背棄承諾，出爾反爾，不擇手段之作風是一貫的。就如同其憲法規定人民有集會、結社、言論、遊行、示威等自由一樣，北京「六四事件」中之青年學生，在行使憲法賦予之權利時，却遭受鎭壓。因中共只有人治，而無民主法治。有鑑於此，同鄉會在「九七」之後，就只有兩條路可行。其一，在中共未背棄承諾而允許同鄉會繼續生存時，該會只能保持其獨立性，不介入任何社會政治事務，只能在社會慈善福利事業上繼續發展而作出貢獻。在學校教育方面受中共之箝制是必然的，因中共對知識分子之整肅從未間斷，無論是「反右」、「文化大革命」、「反資產階級自由化」，到最近之「六四事件」，受整肅者均以知識分子爲主。就如中共政協

⑪ 民國七十三年六月，正當中共與英國談判香港前途問題時，英資怡和公司於百慕達成立控股公司，將第一註冊地撤離香港，但在港之上市地位不變，表示對香港前途之悲觀，恐將來重蹈三十八年在上海之怡和公司全部資產被中共沒收之覆轍。怡和公司此舉，引致香港許多上市公司效法，遷冊百慕達等第三國家。

⑫ 參見民國七十七年十月七日《華僑日報》〈港聞版〉。

⑬ 參見《中英關於香港前途的協議草案》，頁九－一〇。

委員、《鏡報》月刊社長徐四民指出：

> 一九四九年以來每次運動，幾乎都是知識分子首當其衝，「反右」的主要對象是能說會寫的知識分子。文化大革命也是從吳晗的新編歷史劇——《海瑞罷官》引發的，一直發展成為整個民族的大浩劫。⓮

所以，該會不能像以往一樣參與，只能在經濟上加以支持。其二，是同鄉會之一切言行舉止，以中共意願爲依歸。換言之，就是將同鄉會變成中共統戰之工具，正如今日北京之民主黨派組織一樣，對中共唯命是從。若是如此，同鄉會便失去其本來之意義。

綜上所述，由於「九七」的到來，香港人對前途缺乏信心，造成移民潮的出現。在前景難以掌握的情況下，未來會務的發展，難以策劃推展，實在令人憂心。

⓮ 參見徐四民著《徐四民言論集》，頁四六。

第九章　結　論

香港同鄉會已有百餘年歷史，其最初是以會館或會所名稱出現。而同鄉會之興盛，乃是近半個世紀之事，至今香港共有逾二百個大小不一之同鄉會。在衆多同鄉會中，蘇浙旅港同鄉會乃其中最具規模、成就最顯著者。

在教育事業方面，民國四十二年創辦蘇浙小學，四十七年創辦北角蘇浙公學，六十四年創辦沙田蘇浙公學，七十一年創辦葵涌蘇浙公學，共三所中學，一所小學。蘇浙小學乃同鄉會組織創辦學校之首開風氣者，而北角之蘇浙公學，更是同鄉會所辦中學最早及最具規模者。四所學校最具特色之處，是採用國語授課，此亦是全港僅有。四校之建築及設備費達數千萬港元，皆該會同人所捐獻。由於該會辦學嚴謹認眞，校風純樸，學生在德智體羣美各方面均取得優異成績，校譽日隆。以七十五年度計，四校就讀學生人數逾一萬人，歷屆畢業學生人數近二萬人，爲社會作育英才，貢獻至巨❶。

此外，該會更組織有貸助學金委員會，接受本港各校學生申請。從民國六十三年成立至七十八年七月止，共發出貸助學金五百七十九萬一千八百餘元，受助學生達一千九百六十六人，

---

❶ 參見《蘇浙旅港同鄉會成立四十週年大會特刊》（一九八六年），頁XI。

造福清貧學子，成績斐然。

在慈善福利事業方面，該會早於民國五十一年已設立診療院爲市民服務。其後於七十三年耗資七百萬元，自建北角道十六號之蘇浙大廈，將地下至三樓共八千餘呎地方，撥作慈德診療院使用。院內設有全科、五官科，並有設備完善之X光室、物理治療室等，不分省籍。以非營利性質爲市民提供服務。以民國七十六年計，向該院求診者達三萬二千三百六十七人次[2]，備受社會人士讚許。

該會於民國七十四年創辦屯門安老院於屯門蝴蝶邨，該院可爲一百九十二位年逾六十而有需要之老人提供安老護理服務。於七十五年，該會更增設位於荃灣大窩口之葵青良友安老院，該院可爲一百六十二位老人提供安老護理服務。兩所安老院除爲老人提供膳宿、身心護理輔導外，更爲老人辦理身後殯葬等情事。該會同樣以非營利性質提供服務，使入住老人能安享晚年，造福社會。

該會在教育及慈善福利事業外，如救災恤貧等，該會均能鼎力襄助，況惠及兩岸同胞，可謂貢獻良多。

該會能有如此成就，實賴該會領導得人。徐季良會長由創會開始，領導該會達四十年，其爲人正直廉潔，大公無私，出錢出力，凡事躬親爲之，將其精力投入同鄉會事業中。該會能有如此規模之教育及慈善福利事業，均是其在任內所促成。該會取得如此成就，與徐季良之領導息息相關。除徐氏之領導外，會員之支持與合作至爲重要。其中如邵逸夫、包玉剛、葉庚年、陳廷驊、沈亦珍、胡鴻烈、馬臨、張楠昌、徐立夫、徐國炯、史寶楚、方肇周、孫方中等，不勝枚舉，對會務之推展，均出錢出力，鼎力支持。該會有今日之成就，會員之支持與合作，亦是成功要素。

當然，該會亦具備完善之組織及財政制度。在組織方面，由創會伊始之理監事制，至第十屆之理事制，其後第二十屆時改爲會董會制，一直至現在。除會董會制兩年一屆外，理監事制及理事制均一年一屆。無論何制，均以符合註册處規定，及註册時呈報之組織架構爲準則，如有改變，亦需符合本港之法例規定，而法例亦有足夠之條文監管其運作。至於財政管理，該會除訂有完善之制度外，並受公司法例之監管。而該會財政來源，均爲該會同人所捐獻。歷年來，該會創辦之事業所需巨額資金，均是該會同人所捐獻，係本港衆多同鄉會中所僅見，實甚難得。

該會同人不僅創辦教育及慈善福利事業，爲社會作出貢獻，在本港經濟上亦扮演着重要角色。在本港之紡織、航運、娛樂事業中，該會同人可謂執其牛耳，在金融、建築、玩具等工商業中，亦不落人後，對香港經濟發展及社會繁榮貢獻良多。而該會同人均本着取諸社會，用諸社會，不求名利，任勞任怨，爲社會服務之「蘇浙精神」，造福社會，實值得其他社團及社會人士效法。

但另一方面，就該會最近發展趨勢而言，亦有值得商榷之處。早期該會會章規定，凡加入該會爲會員，只需其爲蘇浙籍人士，及繳交五元入會費便可成爲該會會員。時至今日，要加入該會成爲普通會員，需繳交一萬二千元，而非蘇浙籍人士加入該會爲贊助會員，亦需繳交一萬

❷ 參見《大成》月刊，第一七三期，頁四〇。

元方可。當然，增加非蘇浙籍之贊助會員，有利於該會組織之擴展，但增加普通會員之入會費達一萬二千元，乃普羅同鄉所不能負擔者，此舉無疑使低下階層之蘇浙同鄉却步，對該會之擴展至爲不利。同時，自徐季良會長於民國七十四年退休後，該會僅在七十五年創辦了葵青良友安老院。而在會所餐廳方面，却一再地擴展，從十樓之餐廳擴展至六樓、十一樓及最近之九樓，裝飾美侖美奐，一派講求闊氣，講求排場之「海派」作風，使人覺得該會已從純粹同鄉組織，逐漸變成上流社會之高級會所。

該會同人在過去四十餘年之歷史中，以其過人才智，配合社會之發展，無論在經濟、教育及慈善福利事業中，其所作出之努力與貢獻是有目共睹的。換言之，此等努力與貢獻，便是該會成立以來之價值所在，並已得到社會人士極高之評價。正如香港行政司曹廣榮於七十四年十二月九日，出席蘇浙兩校畢業典禮時致詞指出，蘇浙人士自上海引進機器及工商業技能，開創本港的紡織、製衣及玩具等工業。此外，在航運、財經及娛樂等方面，都有驚人成就。四十年前成立之蘇浙旅港同鄉會，以協助政府發展教育與慈善事業爲宗旨，努力耕耘，先後創辦了診療院、安老院及四所學校，貢獻良多❸。

該會一向以慈善社團地位自居，其價值亦著重於對社會教育及慈善福利之貢獻。相信「九七」之前，此價值依然存在，而不會改變。但當「九七」到來，中共對香港開始行使主權後，此價值是否繼續存在並加以發展，決定因素在於大陸能否實行眞正民主法治。因「六四事件」令香港人對前途失去信心，出現信心危機，正如徐四民指出：

香港的前途和中國的命運息息相關，中國一日不走民主法治之路，不眞正實行開放改革，

《基本法》寫得再好，要貫徹實行終是困難重重，這是港人日夜所禱求的關鍵。❹若「九七」前，中共未向民主法治、開放改革之方向發展，則大量香港人才及資金外流是可以預期的，其對香港的經濟發展及繁榮，將有極爲不利的影響。就算中共允許同鄉會繼續存在，繼續爲教育及慈善福利事業作出貢獻，相信該會之能力與價值，亦將極爲有限。

綜括而言，蘇浙旅港同鄉會對社會所作之貢獻是值得肯定的。在「九七」前後，期望該會能繼續發揚「蘇浙精神」，爲同胞及國家民族作出更大貢獻。

❸ 參見《大成》月刊，第一四六期，頁四三。

❹ 參見徐四民著《徐四民言論集》，頁一一。

附錄

附錄一（名下有「▲」者爲浙江籍，餘下屬江蘇籍，由該會提供）

蘇浙旅港同鄉會

第二十五屆會董及職務名表（一九八八—八九）

永遠榮譽會長：徐季良▲
永遠名譽會長：邵逸夫▲
名譽會長：葉庚年▲　包玉剛▲　包從興▲　安子介▲　陳廷驊▲
顧　　問：朱孔嘉　李家昶　沈亦珍　沈熙瑞　胡鴻烈▲　馬　臨▲　陳存仁　黃夢花
　　　　　顧乾麟▲
會　　長：張楠昌
副 會 長：周忠繼　史寶楚　徐立夫▲　徐國炯　周伯英▲
永遠會董：方肇周　史寶楚　汪卯生▲　汪徵祥　李震之　周伯英▲　周忠繼　姚連生

徐　德　徐立夫▲　徐國烱　陶伯育　孫方中　馮　彥　張楠昌　范　甲
葉謀遵▲　劉漢棟　龔甲龍　楊雲如　支盈章▲　王守業▲　王惟翰▲　汪松亮

會　董：丁午壽　丁治傑　丁鶴壽　葉謀彰▲　支顯宗▲　王奕凱　卞熊清　史　標
史習陶▲　朱伯衡　何小湛▲　沈文棋▲　沈宗德　謝志方　李和聲▲　邵炎忠▲
金天任▲　徐浚錩　周學旦　周德明　施連君▲　姚復山▲　胡宏達　姜德裕
夏克定▲　高嶺梅　陳　敏　陳良絅▲　陳紫萍　應子賢▲　金如新▲　曹世植
曹金霖　馮忠康▲　張雨文　姚祥興▲　詹金源　楊　棟　楊洪鈞　董　偉▲
趙安中▲　鄒星培▲　瞿堯康▲　嚴葆明▲　邊耀良▲　顧家麒▲　顧林華　倪鐵城▲
周克強　章宏琛▲　閻大偉　張浩然　孫紹光▲　倪夢熊　徐國堯　詹和笙
孫　傑▲　何忠禮▲　金維明▲　商學鳴▲

秘　書　組：主任委員：周伯英　副主任委員：范　甲　何小湛

行政管理委員會：主任委員：周忠繼　副主任委員：周伯英
委　員：范　甲　何小湛　金維明　楊洪鈞
公關聯絡：朱振聲

財　務　委　員　會：主任委員：史習陶　副主任委員：史寶楚
委　員：徐立夫　王守業　周伯英　姚復山　施連君　馮忠康　閻大偉

教　育　委　員　會：主任委員：周忠繼　副主任委員：徐立夫
委　員：葉謀遵　王惟翰　周伯英（秘書）　張楠昌

貸助學金委員會：主任委員：邵炎忠　副主任委員：徐立夫
委　員：張楠昌　周忠繼　方肇周　徐國烱　包從興　史寶楚　汪松亮
姚連生　陳良絅　范　甲　葉謀遵　劉漢棟　支盈章　詹金源

周伯英　姚祥興　鄒星培　倪鐵城

餐廳管理委員會：主任委員：徐國烱　副主任委員：邵炎忠　姚連生

委　員：周伯英　徐國堯　陳　敏　詹金源　支盈章　葉謀彰　楊　棟

鄒星培

醫務委員會：主任委員：邊耀良　副主任委員：徐　德　姚連生　范　甲

委　員：王守業　汪卯生　張楠昌　周忠繼　徐立夫　周伯英

安老院管理委員會：

主任委員：孫方中　副主任委員：支盈章　汪卯生　姚連生　范　甲

委　員：支顯宗　曹世植　卞熊清　汪松亮

會產保養委員會：主任委員：王奕凱　副主任委員：孫紹光　徐浚錩

墓地管理委員會：主任委員：徐立夫　副主任委員：汪卯生

委　員：周學旦　陶伯育　楊雲如　葉謀彰

蘇浙旅港同鄉會

第二十六屆會董及職務名表（一九九〇—九一）

永遠榮譽會長：徐季良

永遠名譽會長：邵逸夫

名譽會長：包玉剛　包從興　安子介　陳廷驊

顧問：朱孔嘉　李家昶　沈亦珍　沈熙瑞　胡鴻烈　馬臨　陳存仁　黃夢花

顧乾麟

會長：張楠昌

副會長：周忠繼　史寶楚　徐立夫　徐國烱　周伯英　葉謀遵

永遠會董：方肇周　王守業　王惟翰　支盈章　史寶楚　史習陶　李震之　汪卯生
汪松亮　周忠繼　周伯英　范甲　邵炎忠　徐立夫　徐國烱　徐德
孫方中　陶伯育　姚連生　張楠昌　馮彥　楊雲如　葉謀遵　劉漢棟
龔甲龍

會董：丁午壽　丁治傑　丁鶴壽　卞熊清　支顯宗　王奕凱　史標　尹志祥
朱伯衡　沈文棋　沈宗德　李和聲　李企偉　李克滋　李國源　何小湛
何忠禮　金天任　金如新　金維明　周德明　周克強　周學旦　施連君
胡宏達　姚祥興　姚復山　徐秀夫　徐展堂　徐浚錩　徐國堯　范仁鶴
孫傑　孫紹光　夏克定　高嶺梅　陳敏　陳良絅　陳兆康　陳紫萍
商學鳴　曹世植　曹金霖　倪鐵城　倪夢熊　張浩然　張雨文　張愼爲
湯君明　馮忠康　詹金源　詹和笙　楊棟　楊洪鈞　葉謀彰　董偉
鄒星培　趙安中　閻大偉　邊耀良　謝志方　瞿堯康　嚴葆明　顧家麒
應子賢　方鏗　於崇光

(1)秘　書　組：主任委員：周伯英　副主任委員：范　甲　何小湛

(2)行政管理委員會：主任委員：周忠繼　副主任委員：周伯英

委　員：范　甲　何小湛

公關聯絡：朱振聲

(3)財　務　委　員　會：主任委員：史習陶　副主任委員：徐立夫

委　員：周伯英　馮忠康　施連君　姚復山　閻大偉　李企偉

(4)教　育　委　員　會：主任委員：周忠繼　副主任委員：徐立夫　王寶明

委　員：張楠昌　葉謀遵　范　甲　張浩然　周伯英(兼秘書)　楊洪鈞

(5)貸助學金委員會：主任委員：邵炎忠　副主任委員：徐立夫

委　員：張楠昌　周忠繼　徐國烱　包從興　史寶楚　汪松亮　姚連生

陳良絅　范　甲　葉謀遵　劉漢棟　支盈章　詹金源　周伯英

姚祥興　鄒星培　倪鐵城

(6)餐廳管理委員會：主任委員：徐國烱　副主任委員：邵炎忠　姚連生

委　員：徐國堯　陳　敏　楊　棟　鄒星培　李國源

(7)醫　務　委　員　會：主任委員：邊耀良　副主任委員：徐　德　姚連生　范　甲

委　員：王守業　汪卯生　何小湛

(8)安老院管理委員會：主任委員：支盈章

副主任委員：孫方中　汪卯生　姚連生　范　甲

委　員：支顯宗　曹世植　卞熊清　汪松亮　周伯英　徐立夫　李克滋

湯君明

(9)會產保養委員會：主任委員：葉謀遵

委　員：孫紹光　湯君明

(10)墓地管理委員會：主任委員：徐立夫　副主任委員：汪卯生

委　員：周學旦　楊雲如　葉謀彰

(11)徐李良獎學金委員會：主任委員：徐立夫　副主任委員：史習陶

委　員：周忠繼　史寶楚　汪卯生　卞熊清

附錄二 （錄自該會一九五三年《蘇浙旅港同鄉會特刊》）

蘇浙旅港同鄉會章程（一九五三年四月修正）

第一章 總　則

第一條　本會由僑居港九蘇浙同鄉組織之，定名爲蘇浙旅港同鄉會。

第二條　本會以聯絡鄉誼、交換知識、互助合作、共謀同鄉之福利爲宗旨。

第三條　本會總會會所設於香港，必要時得設分會於九龍。

第二章 會　務

第四條　本會得辦理左列事務：

一、辦理慈善救濟、介紹職業、調解爭議，以及醫藥衛生教育等事項；

二、維護會員利益，並辦理故鄉團體及有關人士委託調查指導等請求事項；

三、舉行交誼會、叙餐會，以及旅行、體育、娛樂等事宜；

四、舉行演講會、座談會、參觀團，以及設立圖書館、出版刊物等事宜；

五、其他合於本會宗旨之各種事項。

第三章 會　員

第五條　本會會員分爲個人會員及工廠行號商店會員：

一、僑居港九之蘇浙同鄉，有正當職業者，經會員之介紹，並經理事會審查合格，得加入本會爲個人會員；

二、港九之工廠行號商店爲蘇浙同鄉所主辦者，經會員之介紹，並經理事會審查合格，得加入本會爲工廠行號商店會員，並得推派蘇浙籍者一人爲出席代表。

第六條　會員有出席會員大會參預決議之權利，並得享受本會一切之利益。

第七條　會員有選舉及彈劾本會理監事及被選舉之權利。

第八條　會員有遵守會章、服從決議、保持本會名譽及繳納會費之義務，如在一年以上未繳付會費者，不得享受本會一切之權益。

第九條　會員如有違犯法令足以妨礙會務時，經理事會議決，得取銷其會籍。

第一〇條　凡熱心贊助本會之同鄉人士，不論其爲會員或非會員，如一次捐款在港幣二百元以上者，得公請爲永久會員；捐款在五百元以上者，公請爲名譽理事；捐款在一千元以上者，公請爲名譽顧問；捐款在五千元以上者，公請爲名譽理事長，由理事會議議決執行之。

第四章　組　織

第一一條　本會以會員大會爲最高機構，由大會選舉理事十一人至二十五人，候補理事五人至七人組織理事會；監事七人至十一人，候補監事三人至五人組織監事會；大會決議事項交由理事會執行，休會期間會務交由理事會處理之，其重大事項，報告下屆會員大會追認之。

第一二條　本會理事會就理事中互選理事長一人，副理事長二人，常務理事八人。

第一三條　理事長綜理一切會務，對外爲本會之代表；副事長輔佐理事長處理一切會務，理事長請假時，由副理事長中一人代理之。

第一四條　理事會得設下列各組，每組設主任一人，由常務理事分任之，其辦事細則另訂之。

一、秘書處　二、事務組　三、財務組　四、福利組　五、調查組　六、交際組　七、工商組　八、徵求組

第一五條　本會視會務之繁簡得設幹事若干人，由理事會議決聘任之。

第一六條　本會舉辦各項事務遇必要時，得設各項委員會，其組織法由理事會議訂之。

第一七條　本會重要事宜由理事會議決施行，日常次要事宜得由理事會授權各組主任負責處理之。

第一八條　監事會就監事中互選監事長一人，副監事長一人，監事會監察一切會務，稽核帳目，並得列席理事會，監事長請假時由副監事長代理之。監事會得設稽核組，由監事會推舉正副主任各一人，辦理稽核事項。

第一九條　本會理監事均爲義務職，任期一年，任滿連選得連任。

第五章　會　議

第二〇條　會員大會每年舉行一次，如有重要事項得召集臨時會員大會。

第二一條　會員大會或臨時會員大會由理事會定期召集之，如經會員五十人以上之聯署，得請求理事會召集之。

第二二條　召集臨時會員大會，應於會期二十一日以前通告之；召集當年會員大會應於會期十日以前通告之，並應開列議程。

第二三條　會員大會主席團除正副理事長爲當然主席團外，並就出席會員中推舉若干人擔任之；主席團主席由理事長擔任，理事長缺席時由理事長中一人代理之。

第二四條　會員大會之決議須會員一百人以上出席，並經多數之通過爲有效，如遇贊成與反對相等時，主席有決定之權。

第二五條　理事會每月開會二次，如遇緊要事宜得舉行臨時會議，均由理事長召集之，理事長因事不能召集時，由副理事長召集之；監事會三個月開會一次，由監事長定期召集之，監事長缺席時由副監事長召集之。

第二六條　理事會之決議經出席理事過半數之通過爲有效，如遇贊成與反對相等時，主席有決定之權。候補理事得列席會議，但僅有發言權，無表決權。

第二七條　監事會之決議經出席監事過半數之通過爲有效，如遇贊成與反對相等時，主席有決定之權。候補監事得列席會議，但僅有發言權，無表決權。

第二八條　凡會員或理監事因事不能出席會議，而須委託其他會員或理監事爲代表時，須備正式委託書，每一會員或理監事只能代表一人。

第六章　經　費

第二九條　本會事業費、經常費，以會員入會基金、常年會費及特別捐充之。

第三〇條　本會個人會員入會時須捐納基金一次，捐額至少港幣五元。

第三一條　會員常年會費以年度爲限一次繳納之，其定額如左：

一、個人會員常年會費甲種每年港幣十元；乙種每年港幣五元。

二、工廠行號商店會員常年會費甲種每年港幣壹百元，乙種五十元，丙種二十五元。

第三二條　本會如因特別事項經理事會之決議得籌募特別捐，由會員自由樂捐之。

第三三條　本會帳目每年由理事會造報，由監事會審核，除提出會員大會報告外，並每年刊發公佈，必要時得請會計師審核之。

第七章　附　則

第三四條　本章程於會員大會通過後施行，修改時亦同。

附錄三（錄自一九五五年《蘇浙校刊》）

蘇浙旅港同鄉會有限公司註册章程

MEMORANDUM OF ASSOCIATION OF KIANGSU AND CHEKIANG RESIDENTS (HONG KONG) ASSOCIATION LTD.

組織大綱

一、本會定名爲「蘇浙旅港同鄉會有限公司」（以下簡稱本會）。

二、本會註册地址在香港。

三、本會設立之宗旨：

(1)現在太子行一一八號室尚未註册爲有限公司之蘇浙旅港同鄉會及其所屬團體學校之全盤資產及積務，連同一切基金等，悉由本會承領之；在此意義上，下列各項規定應發生效力。

甲創校基金保管委員會之組織，其委員人選須有三分之二由本會永遠理事充任，其餘三分之一則由理事會就理事或會員中推選之；

乙未註册前之蘇浙小學組織行政之更改，須經未註册前曾任三年以上之理監事十五人，或註册後三年以上之理事十五人以上同意方得變更之；

丙凡在未註册前之永久會員、名譽理事、名譽顧問、名譽理事長等，在註册後仍屬有效。

(2)本會除接受會費基金捐款，得視情形用一切合法手續籌集資金，創辦符合本會宗旨之事業。

(3)本會得接受政府之各種贈予協助，包括現金借款、土地權、房屋等。

(4)本會得視本身之財力辦理社會福利救濟事業，而凡屬蘇浙同鄉有優先享受權利。
(5)本會得募集資金創辦學校，協助政府發展教育。
(6)本會得創辦醫藥衛生機構及公墓，以最低廉之費用或免費爲貧苦同鄉服務，如有餘力，普及香港一般社會各界。
(7)本會得應同鄉之請求，代爲介紹職業，但不爲擔保。
(8)本會得應同鄉之請求調解爭議，但以不違反法律爲限。
(9)本會得應同鄉之請求，儘可能代爲辦理調查指導，及證明其身份等事項。
(10)本會得舉辦交誼會、聚餐會、旅行、體育、戲劇、文藝、娛樂等，長期性或臨時性之一切正常事業。
(11)本會得舉行演講會、座談會、參觀團等長期性或臨時性之一切合法事業。
(12)本會得設立圖書館及發行出版刊物。
(13)本會得因舉辦以上合乎本會宗旨之一切事業而動用一切會費、基金、捐款、借款等款項，以支付所需支銷。
(14)本會得購買物業、股票、公債等。
(15)本會得出售物業、股票、公債等。
(16)本會得將物業、股票、公債等抵押借款，以舉辦非消耗性之事業。
(17)本會得贊助設立與本會宗旨相符之社團，或參加與本會宗旨相符之社團爲團員。
(18)本會得接受社會各界捐款，包括動產與不動產，以舉辦以上各項事業。
(19)本會得舉辦其他各項符合宗旨之事業。

四、本會設立之宗旨絕對不以營利爲目的，所有事業上所得，均應累積辦理其他福利同鄉及香港社會之事業，不得直接或間接以紅利股利及其他利益分配各會員，但確實爲發給本會職工薪津，及幫助貧苦同鄉(會員或非會員)離港或謀生者，不在此例。

五、本會會員對本會經濟負有限責任。

六、當本會解散時，本屆會員及一年內退會之會員，所擔負經濟責任不超過港幣壹元。

七、當本會解散時，所有資產除償欠外，不得分給會員，但可撥給與本會宗旨相符之社團，於必要時並應申請香港高等法院予以裁定。

八、永遠理事三人得召開永遠理事會議，對本會各項會議決議案運用否決權，該項否決應經至少永遠理事十一人、本人出席之會議全體通過方爲有效。

九、本會之組織大綱章程以英文本爲標準。

附錄四（錄自一九五五年《蘇浙校刊》）

蘇浙旅港同鄉會有限公司章程

ARTICLES OF ASSOCIATION OF KIANGSU AND CHEKIANG RESIDENTS (H.K.) ASSOCIATION LTD.

總　則

一、本章程內除條文之意義另有規定外

「本會」即指以蘇浙旅港同鄉會名字註冊之有限公司

「香港」或「本港」即指香港及其附屬地域

「條例」或「法人」即指香港一九三二年公司法COMPANY ORDINANCE, 1932.

「章程」即指本會當時訂定之章程

「會員」即指本會會員永久會員名譽理事名譽顧問名譽理事長等Members.

「理事會」即指本會當年在職之全體理事包括永遠理事在內Board of Directors.

「理事長」即指在本會當年在職之理事長Chairman.

「副理事長」即指本會當年在職之副理事長Vice-Chairman.

「常務理事」即指本會當年在職之常務理事Standing Directors.

「常務理事會」即指本會當年在職之常務理事會Standing Committee.

「永遠理事」即指本會之永遠理事Permanent Directors.

「秘書」即指本會當年在職之秘書 Secretary．

「財務」或「司庫」即指本會當年在職之財務 Treasurer．

「常年大會」即指本會每年舉行之會員大會及包括會員第一次大會會議而言General Meetings．

「臨時大會」即指根據本規則特別召集之會員大會會議 Extra-Ordinary General Meetings．

「特別議決案」之意義係照公司法第一一六條之規定解釋 Special Resolutions．

「註冊地址」即指本會當時之註冊地址。

「公司鈐記」即指本會之鈐記 Company Seal．

「書面」包括手寫活版石版打字及各種印刷文字在內凡用字之屬於單數者包括複數字在內用複數字亦包括單數字在內。

會員

二、本會之會員人數定爲無限額。

三、(甲)凡本會組織大綱(三)(1)丙所定之會員及將來照章加入本會者均爲本會會員。

(乙)凡旅港之蘇浙同鄉有正當職業者，皆得申請加入本會爲個人會員，其應繳之基金會費規定如下：

入會基金　至少五元

每年會費　甲種十元　乙種五元

(丙)凡香港之工廠行號商店，其主持人或東主爲蘇浙同鄉，皆得申請加入本會爲工廠行號商店會員，其應繳之基金會費規定如下：

入會基金　甲種一百元　乙種五十元　丙種二十五元

每年會費　甲種一百元　乙種五十元　丙種二十五元

(丁)凡旅港同鄉個人申請加入本會爲會員時，除照章繳納基金外，如一次捐助整數者，則不必每年繳付年費，並得名譽職銜如下：

一次捐助　五百元以上者爲名譽理事；
一次捐助　一千元以上者爲名譽顧問；
一次捐助　五千元以上者爲名譽理事長。
四、本會基金及會費概以香港通用貨幣繳納。
五、凡屬本會未註冊之會員已繳納入會基金及免繳年費者，均不需在本會註冊後再繳基金及年費。
六、凡欲申請加入本會者，需填具會員入會志願書，經本會會員一人簽署介紹，經理事會審查認爲符合本會章程規定者，始獲被認爲本會會員。
七、（甲）本會會員得參加一切會員大會會議，及本會所辦一切事業之應得權利；
（乙）得依照本章程及公司法彈劾本會理事之權；
（丙）有選舉及被選舉權。
八、本會會員有遵守本會一切章程，服從決議，保持本會名譽及繳納應納之會費義務；如在一年以上未繳付應納之會費者，其一切應享受之權利卽行停止；如擬恢復時，需再向本會理事會書面申請，經理事會決定其恢復條件切實履行後，方得恢復其應享之權利。
九、會員有自動退會或被開除會籍者，不得再享受本會一切權利，所繳之基金會費捐款等概不發還。
一〇、凡會員倘有妨礙會務進行損害本會利益者，經理事會調查屬實及經理事會會議通過，本會得不宣佈理由開除其會籍。

會　議

一一、本會第一次會員大會須於立案後一個月之後三個月之前，由理事會決定地點及時間舉行之。
一二、本會每年舉行常年大會一次，每年於四月中舉行，如因障礙得略爲延遲舉行，但每次會期相距不得超過十五個月，如因故不克舉行時，得由全體會員超過百分之十以上人數，依照理事會召集會議之手續及方式進行召集之。

一三、本會理事任期屆滿，則需照章在常年大會中辦理改選。

一四、本會理事會每月舉行會議一次，常務理事會每月舉行會議二次。

一五、倘遇重要事故，理事長得隨時召開各種特別理事會議，如理事長因故不能召集時，由副理事長或常務理事三人聯名召集之；倘遇重要事故需舉行臨時大會，由理事長召集之，如理事長因故不能召集時，由副理事長或常務理事五人聯名，或全體會員百分之十以上聯名召集之。

本章程不能抵觸法例第一一三號之規定。

一六、凡理事或會員聯名召集理事會議或會員大會，須由召集人開具提案通函召集之，而各提案須得出席會議之四分之三人數通過方能有效。

集會通告

一七、本會一切會議均以通函方法召集之，倘開會通告偶遭遺漏，或投遞不到者，該會議亦不得認爲無效。

一八、依照法例第一一六條第二項之規定，凡關於特別會議，最低限度須先期二十一天通函召集，包括發函之日，但送達之日除外，註明地點日期時間，若屬特別提議，則敍明該事之大略情形，依照本章程之規定，或依照本會在大會所議定之辦法發出之，凡依本章程規定之人員皆應接受此項通告。

一九、常年大會應於會期前十天通函召集，包括發函之日，但送達之日除外，敍明地點日期時間，本會年結連同法律規定之附帶文件及會計師之報告書，改選理事之文件及一切報告送達於有權出席之會員。

二〇、本會對會員之通告書可根據其向本會登記之地址由專人派送或投郵寄發，所有郵付之通告書如已書妥收信人之姓名地址貼足郵票妥投郵局者，則該函投郵後足二十四小時便作經已送達。

本會對會員之通告倘無從投遞，得將該通告登於香港華文報紙至少一家（須經香港政府特許刊載關於一九二三年防範非法轉讓營業條例之文件者），該通告刊出之日便作爲已送達，凡非本會會員不得接受本會通告。

會議程序

二一、除通過年結週年報告、聘請會計師、訂定會計師酬勞費及選舉理事等事外，一切常年大會臨時大會所作之決議，均謂之特別決議。

二二、（甲）會議中倘不足出席法定人數，則不得決議任何提案

（乙）各種經常會議之出席法定人數規定如下：

常年大會五十人　理事會十五人　常務理事會五人

（丙）各種特別會議之出席法定人數規定如下：

理事長召集之臨時會員大會一百人；

副理事長或理事或會員召集之臨時會員大會二百人；

理事會召集之臨時會員大會五十人。

二三、倘由會員提請召開之會議逾指定時間半小時仍不足法定出席人數者，則該會議應予取消之；倘屬其他各種會議，若逾指定時間半小時仍不足法定人數者，須於十天內再定期擧行之；倘屆時逾指定時間半小時仍不足出席人數者，則以該日出席人數作爲法定人數。

二四、會員大會會議時，除理事長副理事長爲當然主席團之分子外，再由出席會員中若干人組成主席團主持會議，由理事長擔任主席團主席，倘理事長缺席時，則由主席團中互推一人爲主席。

二五、開會時雖足法定人數，但若經該會議出席者多數之決定，則該會議之主席得執行延會自一次至若干次，及由一處地點移至別處地點；惟所議之事祇限於未決定之原案，不得另議別案，若延會至十天以上時，則需再行通知召集之，並敍明待決之案，但若延會不逾十天者，則不必再行通告。

二六、會員大會議決案通常均採用擧手表決，除非於表決前或宣佈表決結果後，經四分之一出席會員及代表申請採用票決表決結果（一致通過多數通過或否決），經主席宣告登入會議錄內，該案卽告成立，不必列擧付表決時可否決數目。

二七、擧行票決應由主席指導，結果一經揭曉，應視作大會對該票決案之議決。

二八、當擧手表決或票決時，如遇贊成與反對雙方相等時，主席得參加表決。

二九、當選舉主席團或宣告閉會，如用票決時，須立卽舉行，其他議案提付票決時間由主席決定。

三十、每一個會員出席時有一表決權，行號會員則需在本會登記之蘇浙籍代表人，當代表出席會議，每一行號會員祇應得一人爲代表，祇有一表決權。

三一、在各種大會如會員因故不克出席時，得以書面委託其他出席會員代表之，但每一會員祇能代表一人。

三二、(甲)凡有在大會中特別提案者，須於開會通知前七日以書面提交理事會；

(乙)倘在會議中發生喧擾爭執等情，當時主席勸止無效，主席得宣佈臨時散會；

(丙)在會議中主席有權制止發言或規定發言時間；

(丁)理事因故不能出席會議須函知本會，倘無故連續缺席三個月而不函知本會者，則本會得函詢其不出席之理由，倘發出通函後一個月，尙無充份理由答覆或不答覆時，則作爲該理事自動辭職，本會得於理事會議決以候補理事遞補其缺；

(戊)本會一切會議須設備簽到簿及會議錄，分別登記出席人姓名及紀錄一切會議決案；

(已)本會一切會議錄及其他文件，未經理事長許可，無論何人不得取閱，但理事之查閱不在此例。

鈐記

三三、本會鈐記未經常務理事會決議核准者，不得蓋印任何文據，蓋印時須有常務理事會議決推定理事三人連同簽署該文據方生效力。

理事會組織

三四、本會之一切事務及財產物產各種事業，概由理事會管理之，凡經會議所決定之事，除法例和章程規定須由會員大會處決者外，理事會得執行之，但以不抵觸法律或本章程之原則爲限，倘修訂或設立新章程時，對該新章程未立以前所辦之事不得作爲無效。

三五、本會理事除永遠理事二十一人外，再由會員中選舉二十四至四十人，候補理事九至十五人充任之，候補理事卽以選舉時之次多數充任之。

三六、本會之理事除永遠理事二十一人外，任期爲兩年，任滿連選得連任；遇有缺額，則以票數最多之候補理事依次分別遞補之至該屆任滿爲止，候補理事在未遞補缺額前得經邀請列席理事會，有發言權而無表決權。

三七、本會之個人會員及行號會員之登記代表人得爲理事之候選人，行號會員之登記代表人一經被選爲理事，則在其任期未滿前倘無違犯本會章程之規定者，則該行號不得隨意更動其代表人；本會理事候補理事均爲義務職，不受任何直接間接之物質酬勞。

三八、本會由理事在理事中選舉理事長一人，副理事長三人。

三九、本會在理事人（包括永遠理事）由理事互選九人至十五人爲常務理事，由常務理事或理事分別擔任及兼任下列各組主任，至各組副主任二人在理事或會員中選任之。

總務組　秘書組　財務組　福利組　調查組　教育組　婦女組　徵集組　各種特別小組

四十、（甲）理事長對外爲本會代表，並根據章程及議決案辦理一切會務，並爲各種會議之當然主席。

（乙）副理事長襄助理事長辦理會務，如遇理事長缺席時，則在三人中推定一人代理之，或由理事長委託其中一人負責代理一切職務。

（丙）常務理事負責策劃一切會務，遇有重要事務即行集會討論決議執行，然後提報理事會追認，倘遇不能決定時，則提出理事會辦理之，其兼任各小組主任者須負責執行各該組之日常事務，其所經辦事務在本章程範圍內者不得否認之。

（丁）常務理事兼任秘書主任者即爲條例中之秘書，負責保管本會鈐記。

（戊）常務理事兼任財務主任者即爲條例中之司庫，負責保管本會資產契據，主持財政及監視一切出納事宜。

（己）理事會在大會休會期間爲最高之決策機構，一切重大事項及辦事細則及對外對內之一切事宜之決定權。

（庚）本會對外一切文件除加蓋鈐記另有規定者外，普通由理事長簽署及有關該文件之專職常務理事副署之。

四一、常務理事會得視需要動用會款辦理本會組織大綱規定之事業，及聘任僱用本會辦事人員。

四二、理事會得視需要設立各種小組，辦理研究專門問題，制訂各種辦事細則，並得設立監察委員會專責監督本會一切日常事務。

四三、理事及常務理事資格遇下列情形之一時卽行消失：

（甲）如違背本會會員大會及一切會議之決案時；

（乙）如因公司法第二〇九條或二六一條所發生之指令該理事不得或被禁止充當理事時；

（丙）該理事宣告破產者；

（丁）該理事忽發瘋狂或患神經病者；

（戊）該理事書面通知辭職者；

（己）有觸犯法律被判刑事者；

（庚）凡理事遇表決時與該理事本身有利益關係時該理事不得參加表決權；

（辛）凡理事在任期間離港而不再返港者，但非因上述任何原因之一而罷免其理事資格者，應由臨時大會決定之。

四四、下列二十人爲永遠理事 Permanent Directors．

徐季良　車炳榮　董之英　蕭三平　王志聖　周毓浩　許冠英　張軍光　劉漢堃　王光帆　李震之　倪士欽

史寶楚　萬春先　榮鋼仁　黃金魁　葉庚年　阮維揚　邵邨人　陶伯育　董浩雲

（甲）永遠理事及現任理事均得參加理事會，得被選爲正副理事或常務理事等各職，辦理一切章程規定之事務。

（乙）永遠理事如遇不足二十一人時，應於最近一次之會員大會中選舉補足之。

（丙）任何永遠理事如違反本章程第四十三條之任何一項規定時卽消失其資格。

選舉法

四五、（甲）本會之理事於每二年當年大會中改選之，其選舉更應於常年大會開會日前十天通函或送達各該會員。

（乙）每一會員包括個人會員或行號會員各有一選擧權，但停止其會員資格期間無選擧權。

（丙）在發出選舉票日起至常年大會開票時止，各會員應將依章簽署塡妥之選舉票投入本會加封之投票箱內。

（丁）由理事會推選理事或會員十五人組織籌備選舉委員會，負責辦理一切選舉事宜。

會產及財務

四六、本會所有款項應存入常務理事會指定銀行，並設立簿據以資稽核，所有支票須由正副理事長四人中之一人及正副財務中之一人聯合會簽方為有效；至於會中一切進支賬目，每月需向理事會報告，而每年總結須由會員大會聘任之會計師查核證明無誤，在常年大會中公佈之。

四七、本會現金不得超過五百元，如有超過必須存入銀行，存款數額巨大時，得由理事會決定穩妥投資生息，關於投資方面須有詳細記錄以資稽核。

四八、本會理事會及常務理事會依照本章程第四十條規定行使職權以處理本會資產，既經審愼從事，倘仍有意外損失者，各理事不任其咎。

四九、如遇本會經費短絀或舉辦重要業務需款應用時，理事會得隨時設法以募捐等方法籌措之，如所需款項不備作捐贈而有永久之存在性者，理事會得作決議，將已有資產變賣或按揭籌款應付此種事業。

五十、理事會得接納一切款項或財產之捐助，該捐助人倘未依照本會章程之規定辦理參加本會手續者仍不作為會員論。

賬　目

五一：（甲）本會設立正式賬簿以記載一切款項之進出及其資產負債之情形。

（乙）為使賬目淸楚起見，凡本會附屬各獨立機構應設立獨立賬簿專載各該機構之資產負債情形。

五二、本會賬簿應妥存於本會註册辦事處，或存放常務理事會指定之地點，以備理事會之查閱。

五三、理事會得隨時決定在何時何地或根據任何規程將本會賬簿之局部或全部公開，以備會員查閱，倘非根據法例或經理事會或會員大會之許可，則各會員不得任意查閱本會之賬簿或文據。

五四、常務理事會須根據法例第一二三條規定，造具本會出納賬目淸册報告會員大會。

五五、凡提報會員大會之本會年結連同法律規定之附帶文件及會計師報告書等，須於開會前七天送達於有權出席之會員。

賬目之稽核

五六、本會須根據法例第一三一、一三二、一三三各條之規定聘任會計師以稽核本會賬目。

參考書目

一、中文專書

1. 上海博物館圖書資料室編，《上海碑刻資料選輯》，上海人民出版社，一九八四年，上海。
2. 大道文化有限公司編印，《圖片香港歷史》，一九八七年，香港。
3. 天鷹著，《論吳歌及其他》，上海文藝出版社，一九八五年，上海。
4. 王存等撰，《元豐九域志》，中華書局，一九八四年，香港。
5. 元邦建著，《香港史略》，中流出版社有限公司，一九八八年，香港。
6. 江蘇省社會科學院歷史研究所編，《江蘇史話》，江蘇教育出版社，一九八九年，南京。
7. 李吉甫著，《元和郡縣圖志》，中華書局，一九八四年，香港。
8. 李澤沛編，《香港法律概述》，三聯書店，一九八八年，香港。
9. 李華編，《明清以來北京會館碑刻選輯》，北京文物出版社，一九八〇年，北京。
10. 全漢昇著，《中國行會制度史》，台北食貨出版社，民國六十七年版，臺北。
11. 何炳棣著，《中國會館史論》，學生書局，民國五十五年，臺北。
12. 汪衞興等著，《世界船王包玉剛》，湖南文藝出版社，一九八八年，長沙。
13. 周永新著，《香港社會福利政策縱橫談》，天地圖書有限公司，一九八八年，香港。
14. 金耀基著，《中國人的三個政治》，臺北經濟與生活出版事業股份有限公司，一九八八年，臺北。

15. 洪煥椿編著，《浙江文獻叢考》，浙江人民出版社，一九八三年，杭州。
16. 拾遺著，《杜月笙外傳》，臺北躍昇文化事業有限公司，民國七十七年，臺北。
17. 香港中文大學編印，《香港中文大學概況（一九九零至九一）》，香港。
18. 浙江人民出版社編印，《浙江地理簡志》，一九八五年，杭州。
19. 莊重文著，《香港工業之成長》，三聯書店，一九八六年，香港。
20. 陳嘉欣著，《億萬富豪傳奇》，自立晚報社，民國七十一年、臺北。
21. 徐四民著，《徐四民言論集》，鏡報文化企業有限公司，一九九〇年，香港。
22. 倪士毅著，《浙江古代史》，浙江人民出版社，一九八八年，杭州。
23. 商衍鎏著，《清代科學考試述錄》，三聯書店，一九八三年，北京。
24. 章君穀著，《杜月笙傳》，傳記文學雜誌社，民國七十五年，臺北。
25. 港人協會編，《香港法律18講》，商務印書館香港分館，一九八七年，香港。
26. 張銘遠著，《黃色文明》，上海文藝出版社，一九九〇年，上海。
27. 張徹著，《回顧香港電影三十年》，三聯書店，一九八九年，香港。
28. 梁啓超著，《飲冰室專集》，臺灣中華書局，民國六十七年，臺北。
29. 梁漱溟著，《中國文化要義》，正中書局，民國五十八年，臺北。
30. 華僑志編纂委員會編印，《華僑志（總志）》，民國六十七年，臺北。
31. 單樹模等編著，《江蘇省地理》，江蘇教育出版社，一九八六年，南京。
32. 賀國強著，《透視香港教育問題》，藝美圖書公司，一九八九年，香港。
33. 新文豐出版社印行，《十三經注疏》，〈周易〉、〈禮記〉、〈孟子〉。臺北。
34. 劉偉編，《香港主權交涉史》（上冊），廣角鏡出版社，一九八三年，香港。
35. 趙曄著，《吳越春秋》，江蘇古籍出版社，一九八六年，南京。

36. 羅香林著，《中國民族史》，中華文化事業出版社，臺北，（未註出版日期）。
37. 竇季良編著，《同鄉組織之研究》，正中書局，民國三十五年，上海。
38. 顧鐵符著，《楚國民族述略》，湖北人民出版社，一九八四年，武昌。

二、外文專書

1. 仁井田陞輯，《北京工商ギルド資料室》，東京大學東洋文化研究所，昭和五十五年（一九八〇年）。
2. Robin Hutcheon, Fist Sea Lord-The Life and Work of Sir Y · K · Pao, The Chinese University Press, 1990, Hong Kong.

三、檔案文件與特刊

(一)檔案文件

1. 《大不列顛及北愛爾蘭聯合王國政府和中華人民共和國政府關於香港前途的協議草案》（白皮書），香港政府編印，一九八四年九月廿六日。

(二)特刊

1. 《沙田蘇浙公學十週年校慶特刊》（一九八八年）。
2. 《蘇浙小學三十週年校慶特刊》（一九八三年）。
3. 《蘇浙小學三十五週年校慶特刊》（一九八八年）。
4. 《蘇浙公學十週年校慶特刊》（一九六八年）。
5. 《蘇浙公學二十週年校慶特刊》（一九七八年）。
6. 《蘇浙公學創校三十週年紀念特刊》（一九八八年）。
7. 《蘇浙校刊》（一九五五年）。
8. 《蘇浙旅港同鄉會特刊》（一九五三年）。
9. 《蘇浙旅港同鄉會第十五屆理事工作報告》（一九六八年）。

10.《蘇浙旅港同鄉會會刊》（一九七二年）。

11.《蘇浙旅港同鄉會蘇浙公學蘇浙小學彙刊》（一九六一年）。

12.《蘇浙旅港同鄉會成立四十週年大會特刊》（一九八六年）。

13.《蘇浙旅港同鄉會葵青良友安老院開幕特刊》（一九八七年）。

四、期刊與報紙（均在香港發行）

(一)期刊

1.《大成》月刊　第一期（一九七三年十二月）至二〇八期（一九九一年三月），大成出版社。

2.《香港年鑑》第四〇回（一九八七）至四三回（一九九〇年），華僑日報社。

(二)報紙（民國七十六年一月至民國八十年四月）

1.《星島日報》。

2.《香港時報》。

3.《華僑日報》。

Chapter 4 reveals that funds of this association are mainly from the association fee, member's donations and profits by investment , and compares this with previous organizations of fellow provincials and townsmen, discusses the fact that this association has increased the enrolling fee in recent years and points out the inappropriateness of this.

Chapter 5 narrates the contributions of this association to the Hong Kong economy, social welfare and charities, culture and education, etc, and analyses the development of this association's function. Through discussing its outstanding achievement, we can see that this association has changed from having a narrow concept of provincialism to having a wide concept of socialization, in harmony with society.

Chapter 6 narrates this association's contribution to the Republic of China during the Pacific War, its support to the National Government which moved from mainland to Taiwan, and its great effort to unite countrymen residing abroad, meanwhile also, helping and investing in mainland China. So, we can know that this association is concerned about the country and nation, and recognize its development of function, which changed from social to national.

Chapter 7 tells that the main reason for this association's success is its excellent leadership. Owing to the head of this association, Mr Xu Jiliang's, intelligence, ability and selflessness, and other directors' very effective help , this association has been able to make such a great achievement.

Chapter 8 discusses the present day influence on the organizations of fellow provincials and townsmen now that Hong Kong is confronting the uncertainty surrounding 1997 and the changes inevitable after the Chinese Communist Party exercise their sovereign right. The development of this association will depend upon the extent to which mainland China can accept democratic and legal systems.

A STUDY
OF
KIANGSU AND CHEKIANG RESIDENTS (HONG KONG) ASSOCIATION

SYNOPSIS

Associations of fellow provincials or townsmen have several hundred years of history in China and have become one of the characteristics of modern Chinese society. In the fourties and fifties of this century, owing to turbulent politics and an insecure society in mainland China, lots of Chinese people escaped to Hong Kong and organized there, in rapid succession, these associations of fellow provincials or townsmen. Their purpose is to unite people from the same area to help and benefit each other, and then give service to society and promote social progress.

Amongst the many organizations of fellow provincials or townsmen, Kiangsu and Cheking Residents (Hong Kong) Association, is the biggest and most successful one, so the thesis chooses this association as the object of a monographic study. By narrating and discussing the background of the establishment of this association and its development and contributions, analysing and inquiring into its function and development in the future, we can see the general developing situation of the organizations of fellow provincials or townsmen, their relationship with society and their influence on society.

This thesis has nine chapters. Apart from the first one, the preface, and the last one, the conclusion , the summary of each chapter is as follows:

Chapter 2 discusses the Chinese traditional concept of fellow villagers or townsmen, which was bred in the natural environment of a home village and its culture, social relationship, traditional thought and differentiation of political administrative areas. The sense of fellow villagers or townsmen is the spiritual force of the organizations and their foundation.

Chapter 3 narrates the historic situation and human environment of Kiangsu and Chekiang provinces to let us understand the relationship between these two provinces. Through discussing the background of the establishment of this association and its purpose, development of organization and the reason for changing from a community organization to a community limited company, we find the explanation of its close relationship with the development of society.

A STUDY
OF
KIANGSU AND CHEKIANG RESIDENTS
(HONG KONG) ASSOCIATION

BY
BION T. HUNG, Ph.D.

國立中央圖書館出版品預行編目資料

蘇浙旅港同鄉會之研究／孔東著.--初版--
臺北市：臺灣學生，民83
面；　公分
參考書目：面
ISBN 957-15-0650-8（精裝）.
ISBN 957-15-0651-6（平裝）.

1. 同鄉會

546.73　　　　83008677

蘇浙旅港同鄉會之研究（全一冊）

著作者：孔東
出版者：臺灣學生書局
發行人：丁文治
發行所：台灣學生書局
臺北市和平東路一段一九八號
郵政劃撥帳號○○○二四六六八號
電話：三六三四一五六
FAX：三六三六三三四
本書局登記證字號：行政院新聞局局版臺業字第一一○○號
印刷所：常新印刷有限公司
地址：板橋市翠華街八巷一三號
電話：九五二四二一九
定價 精裝新臺幣二二○元 平裝新臺幣一六○元
中華民國八十三年十月初版
68503

ISBN 957-15-0650-8（精裝）
ISBN 957-15-0651-6（平裝）